Rich致富347

在麵包店賣飯糰

賣破千萬本書的王牌編輯教你
創造超乎想像的好點子

柿內尚文　著
涂紋凰　譯

高寶書版集團

問題

有個就讀男校的高中生。
他很不受女孩子歡迎。
他的願望是和很多女生當朋友。
但是，他沒有機會認識女生，
也沒有勇氣去搭訕別人。
該怎麼做，他才能和女生當朋友呢？

答案

他以文化祭的研究課題為名，
成立「女校研究會」，
然後把該研究當作「正當理由（藉口）」，
在街頭對女高中生進行問卷調查。
因為有了「正當理由（藉口）」，
他就能毫不害臊地和女生搭話，
也因此交到了女性朋友。

無須隱瞞，這就是發生在我身上的真實故事。

我就讀男校時，渴望認識很多女生。

不過，很遺憾的是，我沒有帥到會讓女孩子主動接近，也沒有勇氣去搭訕別人。所以我很認真地思考該怎麼辦。

要在街上和女生搭話，我應該需要一個正當理由（藉口）吧？

有什麼正當理由能讓我向女生搭話呢？

我想到的就是成立「女校研究會」。有了「為女校研究會做調查」的正當理由（藉口）之後，我就可以大膽地在街上向女生搭話。

結果，我認識了很多女生。

比起交到很多女性友人，**我更驚訝自己能靠想到的點子解決煩惱。**

雖然那已經是超過三十年以前的事情，但我至今仍印象深刻。因為那對我來說，是一件很有衝擊性的回憶。

接下來還有另一個問題。

請在一分鐘以內試著思考看看。

問題2

餐飲店想在紐約販售明太子。
不過，紐約人沒有吃生魚卵的習慣，
而且大家都覺得生魚卵很噁心。
那該如何在紐約推廣明太子呢？

答案

美國人通常很推崇法國料理。

不要用「生魚卵」的說法，

而是採用「博多　辣魚子醬」這種名稱銷售。

這是在紐約曼哈頓的博多料理店發生的真實故事。在菜單上將明太子寫成「鱈魚卵」時，客人好像都覺得這道菜很噁心，把名稱改為「博多辣魚子醬」，這道菜就突然變成廣受好評的料理。[1]

稍微下一點工夫，結果就截然不同。

產生差距的關鍵就在於「思考」。

我想在本書中傳達的就是**「思考擁有超乎想像的突破能力」**。

無論有錢沒錢、無論身處什麼地位和立場，「思考」是任何人都能擁有的

1 節錄自《為什麼這個商品可以賣到嫑嫑的？不靠口才、不用打折，扭轉「賣點」就能從滯銷變暢銷》這本書中的案例。

絕佳武器。

順帶一提，這裡的「思考」指的是**「爲達成目的的思考」**。有想要解決的課題、想完成的事，為了達成目標的思考。

本書想介紹的，就是磨練這項武器的方法。

因為，「思考」其實需要技術。胡思亂想只會浪費時間，無法找到答案。

不過，請各位放心。**我提到的方法都非常簡單有效**。

以減肥來說的話，我最喜歡「只要纏一圈就會瘦」這種東西。

譬如開頭提到的兩個問題中，第一個的問題使用了「挪動法」。當時還是高中生的我當然不知道，但現在回想起來，自己就是使用了「思考技術」。第二個問題則是應用「標語法」。

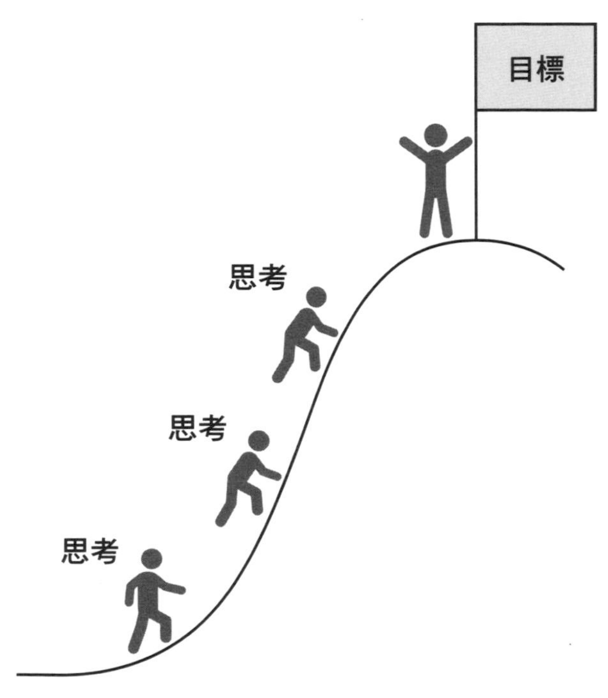

為達成目標而思考

沒錯。**「思考」是有方程式的**。

用料理的食譜來比喻或許會比較淺顯易懂。如果不擅長料理，就要先忠實地按照食譜操作。擅自改良的話，通常都會失敗。

思考也一樣。請試著流暢地應用方程式。

透過「思考技術」讓大腦提升性能。

假設你的大腦過去是「大腦 1.0」，那麼獲得「思考技術」之後，就會進化成「大腦 2.0」。

如何？是不是覺得很期待？

你或許可以因此發想出從未想過的新點子，也可能因此為遲遲無法解決、令人煩躁的問題找到頭緒。對，思考的好處有夠多。

我在此也一併說明本書的標題——《在麵包店賣飯糰》。為什麼要在麵包店賣飯糰？

這是**爲了產生新的價值**。

摩斯漢堡在一九八七年開發「米漢堡」，發售時可以說是個劃時代的商品。摩斯漢堡這個漢堡連鎖店會想到用米做漢堡，據說是從「能不能用日本人的主食，也就是米飯來做成商品？」這個想法發展出來的。漢堡連鎖店製作的米漢堡在當時蔚為話題。接著，連麥當勞也推出「米飯漢堡」，一樣大熱賣。

我很喜歡摩斯的米漢堡。而且，有個想法一直縈繞在我心頭。

那就是——「麵包店裡要是也有販售米飯類的商品就好了」。據說麥當勞之所以也開發米飯漢堡，其中一個原因就是顧客反應「晚餐不想吃麵包，而是想吃飯」。

麵包店裡如果有販售米飯類的商品，就會有人買來當作晚餐，也能招攬平常不太吃麵包的客人不是嗎？不過，這只是我個人的想法。

便利商店和超市都能買到飯糰，但飯糰專賣店並不多。另一方面，雖然每個地區的狀況可能稍有差異，但麵包店總是離消費者很近。

當然，大部分的麵包店都是因為「想要提供美味的麵包」而營運，所以會吸引到非常熱愛麵包的人。我知道光是製作麵包就已經很耗勞力，而且我自己也很喜歡麵包店製作的麵包。

正因如此，我才會期待**「麵包店如果做飯糰，會開發出什麼樣的商品」**。

對麵包店來說，這一定是非常具有挑戰性的商品開發。

或許還會因此出現新奇的竹輪麵包、野澤菜餡餅麵包、泡菜菠蘿麵包之類的，許多令人驚訝「這種東西也能搭麵包嗎？」的組合。據說當初開發出紅豆麵包的時候，紅豆餡和麵包可是非常創新的搭配。

把這種想像力應用在飯糰上面會怎麼樣呢？

以「麵包店認真研發的飯糰」之名販售，本身就充滿魅力。

你不會覺得很想吃吃看嗎？講究美味的麵包店會做出什麼樣的飯糰呢？這一點也會讓人很感興趣。

像「法國料理主廚製作的咖哩」或者「串烤店的人氣拉麵」這樣，透過挪動概念產生價值與魅力而廣受歡迎的店其實很多。因為他們使用了「思考技術」中的「挪動法」。

我曾聽聞，和歌山縣的民眾對霜淇淋的印象是綠色而非白色。因為縣內長年受歡迎的靈魂食物就是「綠色霜淇淋」。推出這個霜淇淋的，正是茶葉廠商玉林園。為了讓大眾了解茶的美味而開發的霜淇淋，變成廣受縣民喜愛的人氣商品。

這款霜淇淋應用了茶葉廠商的強項。從而產生嶄新的價值。

「思考技術」可以像這樣不斷產生新的價值！

在此，請容我介紹自己。

我的名字是柿內尚文。發音是 **Kakiuchi Takafumi**。

我是一名編輯。編輯的工作很難說明，經常會有人問我「編輯是不是在印書？」、「編輯是不是都在寫文章？」簡單來說，編輯的工作有以下四大元素：

1 擬定企畫

2 透過採訪、調查收集資料

3 化為內容產生價值

4 把內容傳遞給大眾

我的工作主要是製作書籍。至今企劃過很多書，然後透過團隊製作，其中有很多作品也幸運地成為暢銷書。

雖然現在這個時代只要賣超過三萬本就算暢銷，不過我企劃的書有超過五十冊都賣到十萬本以上，合計熱銷超過一千萬本。

就在我陸續推出許多暢銷書的時候，越來越多人來問我推出暢銷書的方法。也有人希望我舉辦講座。後來，有人拜託我把這些知識寫成書。成果就是這本書。

我並不是天生聰慧的人，對自己的平凡也感到束手無策。思考方式很普通，也沒什麼深度。

不過，我很喜歡為「推出暢銷作」、「推出新點子」、「解決問題」等目的思考。我想這是因為我已經擁有自己的一套「思考技術」。

學會「思考技術」有很多好處。

可以應用在工作、人際關係、戀愛、理財、家庭等各種領域。就算碰到難題，這也會成為克服困難的助力。

請你一定要把「思考技術」當成武器，打造更美好的人生。

那我們就開始吧！

「思考技術」的功效

- 擁有即便碰到難題也能克服的「策略」，會覺得問題總有辦法解決
- 不被情緒或資訊左右，擁有冷靜的觀點
- 減少對工作、人際關係、戀愛、金錢等各種領域的不安
- 不容易感到沮喪，對事物採正面積極的態度
- 變得能夠相信自己
- 發現自己的價值，能夠獲得他人肯定
- 能夠在討厭的人身上看見優點
- 拓展戀愛的機會
- 工作上容易有成就，也能提升工作的效率
- 催生好點子

本書的使用方法

- 不要只讀一次，而是重複閱讀多次
- 對自己來說重要的地方請畫線，然後在空白處寫下自己的想法
- 請務必透過這些方法把這本書的內容消化成自己的東西
- 不是讀完就好，而是要不斷套入自己的狀況應用
- 請以本書為契機，打造出屬於你自己的「思考技術」

第3章　隨心所欲使用「思考技術」

第4章　讓頭腦變清晰的「思考筆記」法

第5章　提升「思考技術」的習慣

第 1 章

「思考」前必須先了解的三件事

1 思考＝「橫向拓展」＋「垂直加深」

在談「思考」之前，必須先了解基礎知識。

也就是**「所謂的思考，等於『橫向拓展』和『垂直加深』」**。

這一點非常重要，請務必畫上紅線。

無論是在思考日本的人口減少問題，還是地方的振興計畫、新商品的企畫案、什麼咖哩最美味，基本上都一樣。要從「橫向拓展」和「垂直加深」的角度思考。

所謂的「橫向拓展」，就是思考可能性。這也代表生產過去不存在的東西

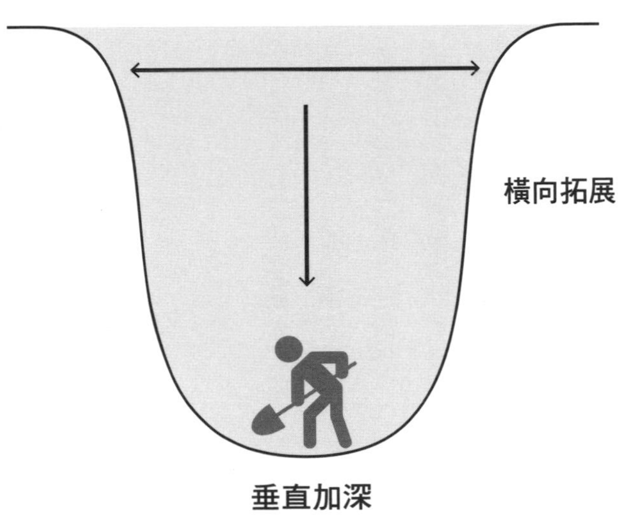

思考＝「橫向拓展」＋「垂直加深」

或者嶄新價值。

所謂的「垂直加深」，表示思考本質性的價值。也就是思考「事情原本的樣貌」。

「HOBONICHI手帳」就是從「橫向拓展」和「垂直加深」之中產生的熱賣商品。

很多人會認為手帳是很快就會數位化的工具，接下來應該會越來越少人使用紙本手帳。

不過，在「HOBONICHI手帳」出現後，潮流就大幅轉變。「HOBONICHI手帳」上市後，紙本手帳的價值提升，每年手帳賣場都很熱鬧。

「HOBONICHI手帳」厲害之處就在於同時實現「橫向拓展」和「垂直加深」兩個面向。

糸井重里先生在著作《對不起，我都隨便經營HOBO》一書中，提到當初開發手帳並非刻意，而是從「如果有這種東西就好了」的想法開始。手帳有很多好處，所以他認為自己是開發了能提供這些好處的手帳而已。

在手帳裡寫下思考過的東西並且重複這樣的過程，就會有很多好事發生。鑽研這些過程，讓手帳超越過去的框架。不只是紀錄行程，也能書寫日記、更能當成筆記。

「在思考手帳究竟是什麼時候，我發現那就是在記錄大家的『LIFE』。」

（節錄自《對不起，我都隨便經營HOBO》。）

「HOBONICHI手帳」的商品名稱是「LIFE BOOK」。

手帳究竟是什麼?深入思考之後，找到本質上的價值。然後用「LIFE BOOK」這個詞彙表達。

如果把價值定義為「手帳就是書寫行程的工具」，那麼手帳的載體或許就會完全轉移到比紙張更方便的數位化。

不過，將手帳本身的價值定義為「紀錄LIFE的工具」，就讓使用者拓展使用方法，譬如可以任意書寫想法、拼貼、繪畫，產生紙本手帳的價值。這種行為就是「垂直加深」。

另一方面，「HOBONICHI手帳」也「橫向拓展」享受手帳的方式。譬如說，手帳的封面。販售和藝術家或企業合作推出的封面，準備非常多版本，讓每個人都能製作出擁有獨特風格的手帳。

除此之外，也廣泛介紹「HOBONICHI手帳」使用者的「使用方法、使用範例」，舉辦以手帳為主題的活動，多方嘗試拓展手帳的可能性。

你覺得如何？

「橫向拓展」和「垂直加深」是「思考」的兩大基礎。

請先記住這一點。至於具體的「拓展方法」、「加深方法」將會在第3章說明。

2「思考」和「想到」是兩回事

據說人類一天之中會思考六萬次。也就是說，除了睡覺的時間之外，大約一秒就會思考一次。（好猛！）

仔細拆解內容，每天六萬次的思考之中，有「思考」和「想到」兩種，其中大多數應該都屬於「想到」的類型吧。

你能夠解釋「思考」和「想到」有什麼不同嗎？

請回想一下，你心裡有喜歡的人的時候。對方是你非常喜歡的人喔。

「他現在在做什麼呢？」「上次約會好開心喔！」……滿腦子都是那個你

喜歡的人。隨時都會想到對方。你有過這種經驗嗎？

我有。隨時隨地都會「想到」喜歡的人。

但是，這種時候就不是在「思考」，而是「想到」。和本書的主題「思考」有點不一樣對吧。

如果用英文來說的話，這不叫做 think 而是 feel。

「想到」是不自覺浮上心頭的感受。

「思考」是爲了某個目的、有意識的想法。

不過，錯把「想到」當成「思考」的例子其實很多。

「我很努力地想，但還是完全想不出解答。」

有人會說這種話。

這種時候，通常都不是在「思考」，只是在「空想」而已。如此一來，當然很難找到解答。

除此之外，也有人會把「已經知道的事情」當成是「思考」。

就算本人認為「這是我拚命想出來的計畫！」但仔細一看，會發現那只是整合找來的資料而已。

當然，思考之後進行調查、輸入資訊是很重要的準備工作。沒有輸入資訊，就沒有思考的原料。

不過，輸入的資料只是「爲找到答案做準備的原料」，調查、整合資料並不是最終目的。

你有沒有遇過學生時期很擅長整合筆記，但成績不怎麼樣的人？因為這些人錯把整合筆記當成目的了。而且，人往往會犯相同的錯。

無論怎麼查都找不到答案。調查只會得到素材和提示，少了「思考」這道程序就永遠不會有答案。

「思考」和「想到」不同。「思考」和「已知的事物」也不同。

請各位也要了解這一點。

李小龍的名言是「Don't think, feel.」不過，本書想說的是：

Don't feel, think.

3 思考有「邏輯性思考」和「非邏輯性思考」兩種

第三點是「邏輯性思考不等於『思考』」。

大家往往會把思考和「邏輯性思考」畫上等號，但其實思考有「邏輯性思考」和「非邏輯性思考」兩種。

假設你要從最近的車站回家。

回家的路有好幾條，根據目的不同，會選擇不同的路。

「想要在最短時間內到家」。

「走夜路很恐怖，所以想選明亮一點的馬路回家」。
「最近運動不足，想刻意繞一下遠路回家」。
每一種選擇都是從目的出發，然後透過邏輯性思考選擇回家的路。這就是所謂的「邏輯性思考」。

也有邏輯性思考無法解決的問題！

另一方面，邏輯性思考反而難以應用在某些領域。
譬如想推出前所未有的新商品時，「邏輯性的思考」往往會遇到瓶頸。
邏輯性思考常見的方式是累積市場動向、銷售實績、調查對手等龐大的資料，然後以這些為基礎「思考」。這些資料可以當成憑據應用，但其中卻有很大的問題。

「沒資料就無法決定」。因為這樣而無法產生新點子，只能用別人已經做過的東西來炒冷飯，最後只會失去獨特性。這不就是在公司內部經常發生的事情嗎？

資料終究只是「過去」的情報。

另一方面，「思考」就很適合創造未來。

「思考」過去沒有的東西、「思考」接下來社會將變得如何。這種時候的「思考」就是在「思考未來」。

「未來」的事沒有人能知道。因此，有很多事情光靠邏輯思考也無法找到答案。

此時需要的是**「非邏輯性的思考」**。

有項人氣商品就是從「非邏輯性的思考」發想出來的。

那就是嘎哩嘎哩蚪冰棒的「玉米濃湯冰棒」。

剛發售的時候，我大吃一驚。我的第一印象是：「冰的玉米濃湯，怎麼想都覺得很難吃。」應該很多人都和我有一樣的想法吧？

不過，這種新穎、驚奇還是激發人們的好奇心，讓這項商品大熱賣。據說該商品當初的行銷成本只有十五萬日圓！透過社群網路擴散，用廣告費換算的話，已經達到五億日圓以上的效果。

冰棒和玉米濃湯這種組合，很難從資料收集和邏輯性思考中脫穎而出。

據說推出這項商品的是一名二十幾歲的年輕員工。起因是零售業者反映嘎哩嘎哩蚪冰棒的重口味系列賣得不好。

「最近『嘎哩嘎哩蚪冰棒』的重口味系列都沒有什麼新攻勢。是不是太過保守了？」（節錄自《嘎哩嘎哩剉冰棒的秘密》。）

販售嘎哩嘎哩剉冰棒的赤城乳業是一間很重視「玩心」和「冒險心」的公司，收到重口味系列已經開始讓人感受不到兩大元素的沉重意見，讓公司決定開始重返初心的新商品企畫。

會注意到玉米濃湯，是因為人氣零食「美味棒」有玉米濃湯口味。既然如此，玉米濃湯應該也能和冰棒組合才對。據說當時就是基於這樣的想法才催生玉米濃湯冰棒。

在公司內部的最終決策會議討論是否要生產這項新商品時，有很多「口味太新穎」等否定意見。不過，正常來說的確會有這樣的反應啊！

「大家都覺得不錯的，通常都賣得不好。社長決定『就算失敗也沒關係，大家就放手去做，於是員工就開始行動了。」社長下決定之後，就決定將冰棒商品化。（詳細內容請見《嘎哩嘎哩剉冰棒的秘密》。）

「玉米濃湯冰棒」就是從直覺這種非邏輯性思考產生的商品。

從直覺、靈感等非邏輯性的地方著眼的思考法，對於無法預測未來的時代，是很重要的生存手段。

工作需要「玩心」的理由

非邏輯性思考時，我很重視一件事。

那就是「玩心」。

嘎哩嘎哩剉冰棒的玉米濃湯口味也充滿玩心對吧。

人不只會被「正確」的東西吸引，也會被「有趣」、「歡樂」等「充滿玩心的東西」吸引。而且對自己來說，思考「有趣」、「歡樂」的東西也會比較開心。

不過，日常生活中，越認真就越容易忘記「有趣」、「歡樂」等「玩心」。說到「有趣」、「歡樂」，在工作場合有人會生氣地說：「你這傢伙，是不是把工作和玩遊戲混為一談了啊！」

不過，這種想法大錯特錯。

如果想讓孩子提升學校的成績，就要讓讀書變得有趣。如果減肥一直無法持續，那就要下工夫找到快樂瘦身的方法。

「思考」時也要加入「玩心」。

這是「非邏輯性思考」的重要關鍵。

透過結合「邏輯」和「非邏輯」兩個面向，就能提升自己的「思考能力」。

本章要記住的三大重點

1 思考＝「橫向拓展」＋「垂直加深」

2 思考≠已知的事物

3 思考＝「邏輯性思考」＋「非邏輯性思考」

專欄1

人類長年以來的問題——「養成習慣」

即使學習了「思考技術」，沒有使用的話就毫無意義。雖然養成「思考」的習慣很重要，但即使心裡知道也很難養成習慣。

不只「思考」，培養習慣或許本來就是人類長久以來的課題。想減肥，但是很難養成瘦身的習慣。想讀書，但是馬上就跑去玩遊戲。家裡很亂，但沒辦法養成整理的習慣。無論是誰，應該都有無法養成習慣的事情。

培養習慣有「三大強敵」。

- **強敵1　忘記**
- **強敵2　厭倦**
- **強敵3　努力**

剛開始會碰到的敵人是「忘記」。

明明學會了，但馬上忘了用，你有過這樣的經驗嗎？

「忘記」的攻略法很單純。

譬如「在手帳、手機上寫筆記」、「把寫下內容的紙張貼在顯眼的地方」、「告訴身邊的某個人，如果忘記就請對方提醒你」等方法。

順帶一提，雖然很丟臉，但我經常忘記關家裡廁所的電燈。因此，我太太在廁所內外都貼上「關燈」的紙條（現在也是）。因爲這樣，我比較少忘記關燈了。雖然很像對付小孩的方法，但非常有效。

第二個敵人是「厭倦」。也可以說是「覺得麻煩」。

以減肥爲例應該會比較好想像。剛開始大概可以持續一週，但很快就會對這個減肥法感到厭倦。而且，一旦遭受挫折，就會停止減肥。心想：「啊——我眞是個糟糕的傢伙，每次都敗給食慾。」過一段時間又挑戰新的減肥法，然後重複一樣的過程。

這種強敵該怎麼面對呢？

感到「厭倦」的時候，不妨這麼想：

「膩了就膩了。再用另外一種方法挑戰就好。」

容我說明一下。

以減肥來說，如果一週就感到厭倦，那下一週就挑戰別的減肥方法，再下一週也用不同的方法應戰。只要換個做法繼續減肥就好了。

如果第一週是利用食物減肥，那第二週就換成運動，第三週用心靈減肥法，第四週再換回食物減肥法。不斷改變方法，讓自己不會感到厭倦。不過，因爲你還是持續在減肥，所以能慢慢瘦下來。

就這樣慢慢養成瘦身的習慣。

你覺得如何？這樣的話，是不是覺得能夠執行了？

第三個敵人是「努力」。

你可能會覺得：「咦？『努力』不是好事嗎？」但努力其實是讓人產生挫折的危險因子。

所謂的「努力」是靠意志力。剛開始可以靠努力、韌性、意志力克服。

但是，意志力是有極限的。意志力並不會一直產生，過度使用只會導致意志力枯竭。這種說法在心理學上也有證據支持。

如果用讀書來比喻應該會比較容易想像。

考試前可以臨時抱佛腳，非常努力讀書，但考試後通常就不會這麼努力了吧。如果是短時間內的話，靠努力的確能得到成果，但要中長期持續下去的話就不能努力。

不努力的訣竅就在於「不要做過頭」、「不著急」、「創造能享受的模式」。

以讀書來說，先劃分當天能夠學習的合理範圍，時間一到就算沒有完成也要停下來。不要把目標放在提升下次考試的成績，而是從有興趣的地方開始學起。

「努力與培養習慣」的相關內容，在我參與編輯的書籍《不努力王國的成功法》裡有詳細的說明，各位不妨一讀。這是一本故事型態的有趣書籍。

一旦戰勝強敵、養成習慣，之後就會自動轉化爲自己的東西了。就像每天洗澡、刷牙一樣，養成習慣後就會融入日常生活。

請試著不努力，放輕鬆吧！

第 2 章

「思考技術」能改變未來

原本很普通的東西，只要下點工夫就能變成充滿魅力的產品！

你聽過「町中華」這個詞嗎？

町中華是指那種傳統鬧區的中華料理店，有賣拉麵、煎餃、炒飯，而且便宜又大碗。這種中華料理店被命名為「町中華」，現在連年輕女性都很愛。

從以前就理所當然地在那裡，從來沒被當作景點的中華料理店，有了新名字之後，電視和社群網路都以「町中華」這個詞來介紹，餐廳馬上就變成充滿魅力的店，也受人歡迎。

中華料理店本身並沒有任何改變。只是周遭的人重新發現它的價值，給予新的名稱之後，把價值傳遞出去而已。

其實，因為一些小契機，讓原本賣不好的東西突然熱銷、看不出有什麼魅力的東西突然變得吸睛，這種情形經常發生。

即便是一樣的東西，只要改變觀點，就會變得很有魅力，產生有別於過去的價值。

Japanet Takata 的創辦人高田明先生擁有非常出色的「思考能力」。他讓錄音筆、電子辭典、數位相機等商品大熱賣，就是因為他應用了「思考技術」。

錄音筆對我們這些出版業界的人來說，就像三大神器之一，採訪的時候都會用到。

不過，這應該是一般家庭不太會用到的電子儀器。

然而，高田先生的觀點不一樣。他找到錄音筆的嶄新價值，並且傳達給消費者。

告訴消費者「家裡的爺爺和媽媽最應該使用錄音筆」。爺爺因為年紀大而經常忘東忘西。這種時候，只要用錄音筆取代筆記，就可以預防一時的疏忽。這就是他對消費者的提案。

媽媽如果因為工作不在家，可以用錄音筆交代放學回家的孩子「媽媽六點左右回家，點心放在冰箱裡喔」，孩子聽到媽媽的聲音也會比較安心。

讓錄音筆從「記錄採訪的內容」轉換成「防止忘東忘西」或「親子溝通工具」，由此產生新的價值。結果，該錄音筆據說熱銷數千台。（詳情請見《花了九十秒的男人》。）

這個案例並沒有開發新商品，而是全方位思考既有商品的魅力，橫向發展之後找到嶄新的價值。

我之後會在第3章詳細解說，這裡使用到的是「思考技術」中的「三百六十度分解法」和「挪動法」。

「三百六十度分解法」是一種從各個面向找出商品或服務魅力的一種方法。

「挪動法」則是不採用既有的使用方法，找出別於以往的不同客層，進而創造嶄新的魅力。

高田先生靠這個點子讓商品大熱賣。

我最喜歡這種成功發現新價值的故事了。

「創造價值」是下一個時代的關鍵字。

請把「思考技術」當成創造價值的武器好好應用吧。

「思考技術」仍然是一片藍海！

「思考技術」可以說能應用在各種場合，譬如提升銷售額、解決人際關係上的問題、和喜歡的人交往、增加財源……真的要舉例會沒完沒了。

然而——

擁有這項技術的人比想像中還要少。

曾經有一次，要開始某個計畫的時候，我告訴所有成員：「我想把計畫做到最好，所以請大家將自己擁有的『思考技術』化為語言，寫成文字再交給我。」

當時我看了大家交的紙本資料之後非常吃驚。因為出乎意料地沒有什麼具體的內容。看起來也不像是有所隱瞞。簡而言之，就是大家沒有能夠文字化的「思考技術」。也就是說，大家都憑感覺在工作。

這是為什麼呢？或許是因為沒有人教吧。

當然，你可以讀書、聽演講，試著自己學習。不過，這種人比較少，大多數人應該都沒有經歷過系統化的學習吧？

這反而是一大機會！表示這個領域是一個還沒有什麼競爭對手的藍海。越早學會就越能成為你的強項。

不擅長思考＝不擅長料理？

這裡要介紹尚未習得「思考技術」的人，經常發生的狀況。

Q方案A和方案B都難以捨棄。那該怎麼選擇呢？

沒有「思考技術」的人

↓A或B，從中選一個。

擁有「思考技術」的人

↓想辦法結合A和B的優點。

Q上司交代了一件很難處理的工作。該怎麼辦呢？

沒有「思考技術」的人

↓馬上開始思考。

擁有「思考技術」的人

↓在思考之前，會先「確認目的」及「採訪、調查、輸入資料」。

雖然有點極端，不過這兩種案例都很常見。

馬上就開始思考的人，出乎意料地多。

不過，**腦袋裡完全沒有任何參考資料，怎麼想都不會有答案。**

儘管如此，大家還是會馬上開始思考，試圖就這樣找答案。

這樣的人，應該也很不擅長料理。不擅長料理的人，做菜的時候經常會沒頭沒腦地開始。沒有確認整體流程，也沒去思考怎麼準備就突然開始。

譬如炒青菜，要按順序切好冰箱裡的蔬菜，然後在平底鍋上倒油，依序開始炒。

現在這個時代，只要在網路上，搜尋一下就會有很多能夠炒出美味蔬菜的食譜。既然都要吃下肚，當然會想吃好吃的炒青菜。

看著食譜做，就能有效率地完成料理。因為不看食譜，才會做出浪費時間又不怎麼好吃的料理。

不擅長思考的人其實也一樣。這樣不是很可惜嗎？

凡夫俗子也能接連打造暢銷作！

我並不是原本就有創造天賦的人，也沒有比別人更有才華。我就是一個凡夫俗子。

這樣的我推出的書能夠創下累計一千萬冊的銷售紀錄，「思考技術」真的有很大的影響。即便我是個沒有特殊才華和能力的凡人，仍然持續思考自己能做到的方法。

書籍編輯的背景知識幾乎都不是來自公司，而是個人自己擁有。因此，擁有卓越知識的編輯能夠持續推出熱銷的書籍，反之，沒有這種知識的編輯就很難推出暢銷作。

我對這種情形抱持疑問。如果是這樣的話，那位編輯一旦辭職，相關知識就會洩漏至公司外了。當然，公司本身也不會變得越來越強大。

因此，我致力於打造一個能把知識留在公司內部的架構。

如果一個經驗尚淺的菜鳥，想要作出一本受人喜愛的書，他該怎麼辦？我開始思考這個問題。

我想到的方法是把知識化為語言，讓大家能夠共享「思考技術」。結果，打造出一個能夠持續推出暢銷作的團隊。

這是因為我把「構思標題的時候，可以使用『加乘法』、『三百六十度分解法』、『找出真面目』（第3章）」這些內容製作都成一份編輯指南。

有很多事情會阻礙「思考」！

儘管知道思考的重要性，但還是會覺得思考很麻煩吧。

就算想要努力思考，最後也經常會從「思考」淪為「打算思考」就結束。

這樣只是在主題周邊兜圈，完全無法解決問題。

你有過這樣的經驗嗎？

沒錯。**「思考」之中存在很多阻礙。**

「很難持續專注。馬上就會想到別的事情。」

「該怎麼思考才好？實在不知道有什麼思考的方法。」
「因為要猜測他人的想法，所以乾脆停止思考。」
「資訊不足，不知道該從哪裡開始思考。」
「太過相信以前的經驗，沒有發現經驗已經不管用。」
「已經認定既有做法，不經思考就想按照過去的成規解決。一不小心就會按照自己的偏見決定。」

這些都是思考時會形成阻礙的元素。

「思考」是一件又麻煩又累的事情。人類的大腦本來就擁有不思考也能活下去的機制。

「空想」會自然發生，但「思考」必須刻意為之。即便已經有意識地刻意思考，還是會有很多阻礙。

不過，請各位放心。

只要學會「思考技術」，就能大幅解決阻礙的元素。

譬如「無法持續專注」，那就請多運用筆記。（參見第4章）比起只在腦中思考，運用筆記會更能集中精神。

「不知道有什麼思考的方法」、「猜測他人的想法」、「太過相信以前的經驗」、「偏見」的應對方法本書都有提到，只要多閱讀幾次一定能夠解決。

最重要的是日積月累。

即便是一點小改變，只要累積一週、一個月、一年就會確實產生變化。等你回過神來，就已經學會思考技術，行為和大腦都會跟著改變。

有趣的是，這種變化，**自然而然會影響到他人，進而改變他人的思考方式和行爲。**

俗話說「想要改變他人，就要先改變自己」，指的就是這件事。

東大出身的人大多都擁有「學習的技術」

我曾經採訪過東大畢業的人。當時，我聽說東大生其實很少有刻苦學習的類型。

既然如此，東大的學生都是天生聰慧才能進東大嗎？

所謂的天生聰慧，指的是自己擁有思考能力，善於調查、判斷，擁有高度溝通能力的人。天生聰慧就是指所謂的「聰明人」。

不過，採訪之後我發現一件事。

東大畢業的人，大多會在讀書之前先學習讀書的方法，思考該怎麼讀才能有效率地反映在結果上。

譬如知名的學習方法「數學科目先看解答，再學習解法」。

另一方面，你是不是經常聽到這種情形：學英文單字的時候，總是從A開始背，然後中途就遭遇挫折。所以，經常都只背A開頭的單字，S或T開頭的單字老是記不住。

日本史的話，只對繩文、彌生等較早的時代比較了解。但是，明治時期以後的歷史就不行了。

實不相瞞，我就是這種人。

東大生讀書很有效率，絕不浪費時間。而像我這樣的平凡學生，總是從頭開始讀，然後中途放棄。這些小事日積月累，累積出能不能考上東大的差異。

讀書的技術和思考技術一樣。
都是先設定目標，學會有效率地達到目標的技術，然後著手實踐。

只要學會技術，結果就會大幅改變。

用「思考技術」創造愉快人生吧！

「最近老是提不起勁，工作也沒有什麼新鮮感了……」

朋友來找我商量他的煩惱。仔細一問之下，發現事情其實是這樣的：

「工作很順利，但長年以來都做一樣的事，所以漸漸覺得膩了。可是現在也不知道自己到底想做什麼，因此每天過著勉強完成工作的日子。不知道該怎麼改變現在的狀況……」

像他這麼優秀的人才，竟然抱著這種想法生活，實在太可惜了。

問題看樣子是出在「思考的慣性」。人類的大腦容易把思考導向已經習慣、親近的方向。

人生只有一次。如果過著無聊的日子就太可惜了。既然都要過日子，當然會想要度過愉快、幸福的人生。

不過，事情很難盡如人願。

有什麼東西會成為阻礙呢？環境？能力？意志？

最大的關鍵在於「思考的慣性」。

譬如「自己還有重要的家人，所以不能為所欲為」。這是人們無法行動的前幾大理由之一。

但是，事情真的是這樣嗎？

剛才我也提到過，沒有「思考技術」的人往往會陷入「二選一的困境」。

・「有家庭」↓「必須養家」↓「不能辭掉討厭的工作，只能勉為其難地做下去」

・「能做喜歡的事情還能生活的例外」↓「自己沒有那種能力」↓「我辦不到」

這種想法一定會浮現在腦海之中。

但是，學會「思考技術」，大腦裡的思考過程可能會產生以下的變化：

・「有家庭」→「想讓家人看到自己不勉強、快樂生活的樣子」→「看到自己的很快樂，家人也會開心」

・「能做喜歡的事情還能生活的例外」→「自己也想加入幸福人的行列」→「既然都要工作，就去做自己喜歡的事」

接著，再把「思考技術」套入「如何靠喜歡的事情維持生計」。找到能夠做的事情之後，只剩下實際行動而已。

松岡修造先生成爲日本第一熱血男兒的原因

可怕的是，人生是以非常簡單的原則構成。

人生＝思考＋行動

你在想什麼、為什麼而行動，結果會打造你的人生和未來。

接下來的十分鐘，要懶散地看影片打發時間，還是為公司思考自己能做什麼，光是這一點就會讓你的人生大幅轉變。這些日積月累的小事，就是你的未來。

每天都去吃大碗的炸雞塊蓋飯，將來一定會變成胖子。「想吃炸雞塊」→「去吃炸雞塊」。變胖也是思考與行動日積月累的結果。

思考和行動不只創造未來。
甚至會創造一個人的個性。

我至今編輯過松岡修造先生的四本書。松岡先生是日本第一的熱血男兒，連天氣都會受他影響。而且，他也是一個超級正面樂觀的人。

不過，據說松岡先生原本是個很消極的人。（詳情請參閱《松岡修造的八十三個人生金句》。）

積極的個性是來自松岡先生「日積月累」的思考。

接下來的人生該怎麼過、未來想要什麼樣的生活、要不要實現自己的想法，其實都在你的一念之間。

也就是說，思考優先！聽起來似乎理所當然，但這一點非常重要。

有人會說，在思考前先動起來，但對一般人來說實在很困難。果然還是改變思考最快。

人生就是要以思考優先啊！

專欄2

失敗就是最棒的資料來源

有件事我一直覺得很自豪。那就是我失敗過非常多次。尤其是二十幾歲的時候，我有過很多次失敗的經驗。上司經常駁回我的意見，還在咖啡店被知名演員揍過。除此之外，還有很多不能寫在書裡的失敗經驗。

眾多的失敗教會我一件事：

「失敗就是最棒的資料來源」。

因爲失敗會造成他人困擾、自己也會受到教訓，同時帶來非常猛烈的情緒。帶有猛烈情緒的經驗，會長存人心。回想過去的失戀經驗，無論過多久都會覺得揪心。有點像這種感覺。

不過，爲了讓失敗變成最棒的養分，還必須做一件事。那就是「反省」。透過「反省」回顧失敗，思考爲什麼這次會失敗、該怎麼做才不會失敗、今後的人生中該如何應用這次失敗。

不要讓失敗只停留在「後悔」就結束，一定要「反省」。這就是讓失敗變成最佳養分的方法。

我的例行公事之一就是「每個月都要開一個人的反省大會」。

在「一個人的反省大會」上，我會使用筆記回顧一整個月失敗的、不順利的地方。這個時候我也會思考「失敗的原因」、「該怎麼做才能避免失敗」。

在找尋失敗的原因時，會發現很多事情。

就我自己過去的經驗來說，失敗會有明確的原因。如果是書籍的話，一定會在企畫、製作、宣傳或銷售戰略等階段出現失敗的原因。找出原因，就能提升精準度。

單靠反省，不可能完全消除失敗。這是個變化劇烈的時代。以前行得通的做法，現在已經行不通，這種情形很常見。正因如此，我才更覺得需要按時徹底反省。

第3章

隨心所欲使用「思考技術」

好點子不會從天而降，而是需要創造

本章將針對學會「思考技術」後，具體找到答案與新點子的方法。有個詞叫做點子王。意指充滿創意、能想到別人想不到的點子。這並不是特別的能力，很多人都能做到。只不過以前從來沒有公開方法而已。

只有擁有特殊能力和技巧的人才能想出新點子。

↓×（＝誤解）

只要用對方法，任何人都能想出新點子。

↓○（＝正解）

為了用「思考技術」想出新點子，必須遵守三大規則。

規則1 決定目標

規則2 收集資訊之後再來整理現狀

規則3 思考＝「橫向拓展＋垂直加深」

只要依據三大法則思考就沒問題。一點也不困難。

我們一個一個看下去吧！

規則1

決定目標

有時候思考會陷入瓶頸對吧？

問題應該出在目標不夠明確。

思考之前一定要先設定「目標（＝目的）」。

很多「煩惱」都是因為不知道目標在哪裡才會產生。為此而煩惱，真的是很浪費時間。

無論是誰，每天都會有二十四小時，但時間的品質會因人而異。有人一天的時間濃度只有十六小時，但某些人卻可以有二十五小時甚至三十小時。

產生差距的原因之一，就是「煩惱」。

煩惱會奪走你人生的時間。

煩惱的時候，人會被不安的情感支配，腦中呈現混沌的狀態。你不可能頭腦保持清醒，但同時又一直在煩惱某件事吧。

所謂的混沌，就像是在迷霧中開車一樣。完全看不到前進的方向。

不過，只要針對煩惱設定好目標，迷霧就會散去。

譬如說你正在煩惱「自己是不是被A討厭了」。目標可以設定為「不被A討厭」或者「和A拉開距離」，根據你決定的目標，應該採取的策略就會完全不同。

一旦設定好目標，煩惱就會自然消失大半。

你對財務的不安，會因爲儲蓄而消失嗎？

從事編輯的工作，會和各領域的專家見面。我曾聽一位財務專家說過：「有很多人對財務感到不安。這其實就是對未來感到不安。問對方為消除不安做了些什麼的時候，對方卻回答把錢存起來，現在可是利息超低的時代啊。當然，儲蓄並不是壞事，但是一味存錢無法解決對財務的不安。儘管如此，還是有很多人只顧著存錢。一直沒有找到解決的方法。」

假設有一個四十三歲的人，看到新聞說「養老金需要二千萬日圓」，所以「對未來的財務狀況感到不安，決定每個月存三萬日圓」。

單靠存款，一年可以存到三十六萬日圓。如果一直工作到七十歲，考量接下來存款二十七年幾乎零利率的話，可以存到九百七十二萬日圓。如此一來，現在就能知道無法達成「需要二千萬日圓」的目標了。如果沒有退休金或繼承遺產，每個月至少要存兩倍的錢，也就是六萬日圓。

思考的時候也經常會發生一樣的事情。

在會議中因為意見不合而開始情緒化的對立，這種場面你應該見過吧。這種情況大多是忘記設定目標，導致「氣死我了！」、「竟然被否決了！」這種情緒引起爭論。甚至到最後根本就搞不清楚是在討論什麼事情了。

不過，會議成員只要一起設定目標，就不會出現這種像是在吵架的爭論。應該能夠朝向目標，積極地討論才對。

工作上發生的問題，大多是因爲「沒有設定目標」而引起。

別讓手段變成目的

「常識」也是應該要注意的元素之一。「常識」往往會讓思考停止。如果對常識毫不懷疑，目標和過程就會互換位置，導致「手段變成目的」，這種情形很常發生。

因為教育改革而知名的千代田區立麴町中學前校長工藤勇一先生（現為橫濱創英中學．高中校長），終止在教育現場橫行的「手段目的化」，致力推動校園改革。

工藤校長的著作《停止校園裡的「理所當然」》介紹許多麴町中學的案例。譬如說該校竟然廢止了作業、期中．期末考、固定導師制度。

這些想法的基礎在於思考：「學校到底是為什麼而存在？」從這一點開始

思考的時候，工藤校長發現，原本只是手段的作業、期中考、期末考逐漸變成目的，令人忘記學校本來的目的是「讓學生學習如何在社會中生存下去」，這就是現今學校的最大課題。

這樣的情形不僅限於學校，公司、家庭、日常生活中也經常發生，在思考某些事情的時候，經常會碰到這種狀況。

所謂的「決定目標」就是要「從原點開始思考」。

如此一來，人就不會迷失，能夠順利思考下去。

總整理

「決定目標」。如果迷失，就在途中回到目標（＝原點）。

規則2

收集資訊之後再來整理現狀

「思考」並不是硬擠出東西，而是從整理現狀開始。

整理現狀需要以下三個過程：

---

1 設定問題

2 取得必要的資訊

3 整理收集到的資訊

我們按順序看下去吧！

1 設定問題

首先是設定問題。設定「為了朝目標前進會碰到什麼問題」。譬如目標是「和A約會」，那問題就會是「A對自己沒興趣」。除此之外，也有像以下這樣的例子。

（目標）開發暢銷的新商品

↓（問題）不知道如何打造暢銷商品

（目標）想每年存一百萬日圓

↓（問題）必須每月多存五萬日圓

2 取得必要的資訊

接著，請取得必要的資訊。

重點在於爲了解決課題、朝目標前進而取得資訊。不能胡亂收集，而是在有明確目標的前提之下取得資訊。

有明確目標之後，就會引發「彩色浴效果（color bath）」。人類的大腦擁有「自然而然會注意到想了解的資訊」的能力。這很有趣，如果你漠不關心，就算資訊就在眼前也不會發現，但如果是有興趣的東西，一出現你就會注意到。因為大腦會自動判斷資訊對自己而言的重要度。

不過，取得資訊需要注意一點，那就是**「不要花太多時間」**。

譬如說收集情報。真正重要的資訊，通常在網路上怎麼搜索也找不到。因此收集資訊的時候，找到情報來源非常重要。

不過，我認為如果是為了「思考」而收集的情報，首先從書籍和網路下手即可。原因是「為了不要花太多時間」。

我在構思新點子的時候，會先閱讀五本和該主題相關的書，收集十則網路資訊。

書籍的好處在於作者幾乎都是該主題的專家，所以透過閱讀可以獲得專家的知識。

選書的時候，可以到書店站著略讀相關主題的書。**書裡有沒有自己想要的資訊，總是要讀過才知道。所以我會實際到書店去翻一翻，找到需要的書。**

不過，書店可能不會放較早出版的書，所以不足的部分就到亞馬遜或樂天等網路書店搜尋。

在網路上收集十則不同切入點、可以為解決課題帶來啟發的資訊，能夠藉此拓展思路。

假設今天要想一個和喜歡的人一起約會的行程。在網路上一定能找到很多約會行程。

這種時候就可以從各個角度收集經典的、驚喜的、失敗的、古怪的約會資訊。只要收集十則左右的網路資訊，大概就能掌握約會的全貌。

我自己也會使用網路資訊「收集案例」。因為不同的案例中總是充滿思考上的啟發。

假設接下來想出版的書是過去從未挑戰過的領域。在思考該怎麼把這本書傳達給更多人的時候，我就會收集案例，看看有沒有我不知道的傳達方法。

當然，資訊本身有誤或者靠不住是不行的。雖然必須判別資訊能否信任，但透過書籍和網路收集資訊，本身就能大幅縮短時間。

如果為了提升資訊的品質而花很多時間，那麼收集資訊反而就會變成目的了。然而，我們的目的不在這裡。

假設現在要想出一份美味料理的食譜，與其為了收集食材而花很多時間到處跑，不如先到超市買，然後思考該怎麼做出美味的料理。

不需要收集到百分之百，大概有百分之六十就能繼續前進了。

請注意不要花太多時間在收集資訊上面。

3　整理收集到的資訊

接著要整理收集到的資訊。此時有兩個重點。

・整理時要一邊思考人類心中的普遍性與眞心話

思考大多數人共通的真心話，譬如「怕麻煩，喜歡輕鬆的事」、「喜歡有趣的東西，討厭無聊的東西」、「喜歡大家都說好的東西」、「對未來感到不安」、「想要一直保持身體健康」等。

找出潛在的東西，而非膚淺的表面。

只要這麼做，就不會誤判資訊的真偽或本質。

・懷疑收集到的資訊

我經常在工作的時候這樣說：「編輯需要壞人的觀點。」一個好人，看什麼都是好的。什麼都覺得OK！覺得這個想法很棒！本來應該要停下來「想一想」的地方，很可能就這樣錯過了。所以，萬事都必須從「懷疑」、「不信任」、「吐槽」開始。針對這一點，我會在第二一五頁詳細說明，請閱讀第五章的內容。

總整理

不要以一百分爲目標，請先依照三大步驟一一實踐！

規則3

思考＝「橫向拓展＋垂直加深」

容我重複提醒，「思考」有以下兩個元素。

- **橫向拓展**
- **垂直加深**

示意圖就像第一〇一頁的「思考摩天輪」一樣。主題在正中間，然後「橫向拓展」、「垂直加深」。

接下來就為各為介紹具體該如何「橫向拓展」與「垂直加深」。

橫向拓展的方法

1「加乘法」➜賈伯斯也曾使用的創新方法

2「串珠聯想法」➜想從既有的東西中發現新魅力與價值時

3「挪動法」➜想解決碰到瓶頸的問題時

4「擺脫二選一機制」➜對選項感到迷惘時

5「整合法」➜讓小事轉化成價值的方法

6「如果有就好了」➜想實現想法或夢想時

垂直加深的方法

1「三百六十度分解法」→找到「優點」與「強項」
2「正向價值化」→將弱點和缺點變成強項和優點
3「自我、他人、社會」→大幅提升說服力的方法
4「雙六法」→想找到達成目標的最短距離時
5「找出真面目」→找出人們心中看不見的心理現象
6「標語法」→想把魅力傳達給更多人時

這些方法可以單獨使用，不過組合幾種方法會讓思考的幅度更廣。

譬如在擬定新書的企畫時，我會先從「如果有這種書就好了」的觀點開始思考。

思考摩天輪

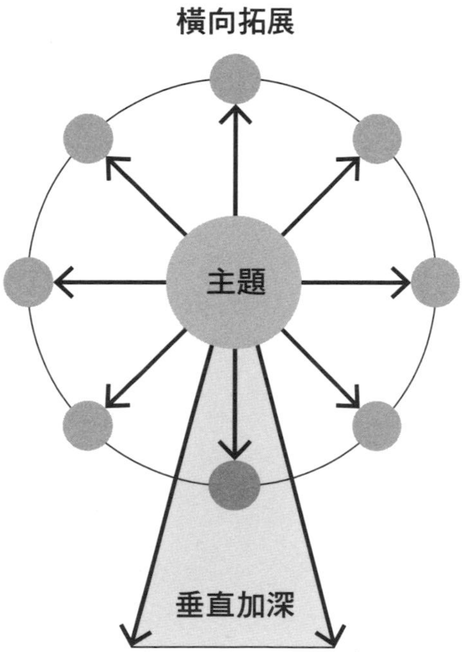

橫向拓展

主題

垂直加深

「思考」等於「橫向拓展」和「垂直加深」

接著，再用「加乘法」、「串聯聯想法」、「挪動法」思考具體的企畫內容。待企畫的基礎完成，便可使用「雙六法」或「自我、他人、社會」等方法為企畫賦予意義。

另外，如果接到企業的商品宣傳工作，我會用「三百六十度分解法」理解整體，以「正向價值化」打造商品強項，然後再使用「標語法」、「加乘法」、「挪動法」等方法傳遞，藉此擬訂宣傳計畫。

我會想這樣運用好幾種方法思考。

請配合你的主題、碰到的問題具體應用這些方法。

橫向拓展的方法1／6

「加乘法」

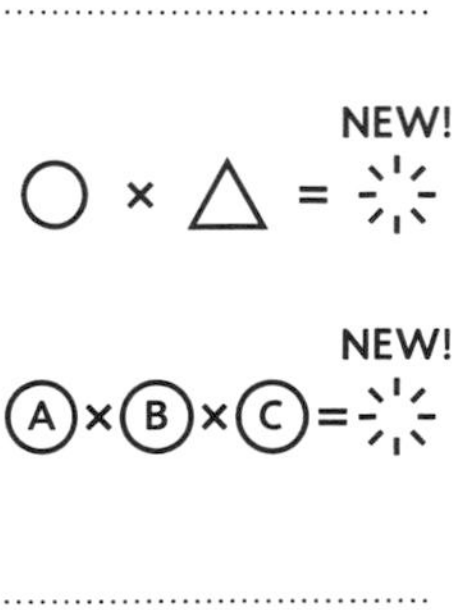

○×△＝NEW!

Ⓐ×Ⓑ×Ⓒ＝NEW!

賈伯斯曾說過「創造就是連結」，但我認為所謂的連結就是加乘的意思。

「便便漢字練習冊」、「乳酸菌巧克力」、「掃地機器人」、「手持電風扇」……很多暢銷商品都是從「加乘法」衍生而來。

「加乘法」的重點在於**搭配不會一起出現的單字**。

人的大腦擅長邏輯思考。

但是，邏輯有其極限。越是用邏輯思考，就越容易只想得到別的地方出現過、好像在哪裡看過的東西。「邏輯性思考」和「非邏輯性思考」，這兩種思考都是必需品。

走出自己的大腦，讓出乎意料的東西相遇才能產生新點子。

譬如暢銷的「便便漢字練習冊」。結合「便便」和「漢字練習冊」的組合真的很有創意。

說到這個，小孩真的很喜歡便便這個詞。而且，「說到這個」的口頭禪，其實也是暢銷商品的共通點。

暢銷的兩大重點在於「新鮮感」和「共鳴」。

「說到這個」就是一種共鳴。

我經手的書籍也一樣，有些是因為「加乘法」而暢銷。像是二〇一九年的年度暢銷榜第四名《長壽味噌湯：醫學實證！一天一碗，輕鬆喝出不生病的免疫力！》、熱銷八十萬冊的《投資新手的三千日圓投資法》、還有熱銷超過十萬冊的《排毒漱口：牙科博士自創！改善牙周病・口臭・糖尿病・動脈硬化・失智的健康法》等書。

《長壽味噌湯：醫學實證！一天一碗，輕鬆喝出不生病的免疫力！》這本書的企畫加乘了「醫生」×「長壽」×「味噌湯」三種未曾一起出現過的價值。民眾對「醫生」的信賴，許多人對「長壽」的渴望，還有自己對「味噌」這種發酵食品屬於養生食物的觀念，加乘在一起就產生了嶄新的價值。

結果，讓這本書大熱賣。本書中出現的味噌和蘋果醋甚至曾一度被掃購一空。有很多味噌廠商開心地說：「這本書是前所未有的味噌宣傳大使。」

還有寺院應用「加乘法」變成受歡迎的觀光景點。該寺院以前很少有人來，但是庭院裡的花非常美，可以說是該寺的一大特色。因此，利用以下的加乘法做宣傳。

寺院 × 花朵 × IG美照

不只讓花朵在庭院綻放，還花心思拍出 IG 美照。

如此一來，真的在 IG 上蔚為話題，之後有幾十家電視台爭相採訪，現在已經是非常受歡迎的寺院了。

原為國中校長的教育改革家藤原和博先生在書中提到過，今後想要成為一個戰勝時代的人才，讓自己變得稀有非常重要。（細節請見《成為1%人才的方法》。）

據說一個人要花一萬個小時才能學會足以維持生計的能力，花一萬個小時成為該領域的專家之後，就繼續在另一個領域累積一萬小時的經驗。如果能累積三種經歷，就會成為超稀有的人才。

每一種經歷都是「一百分之一」，所以你將會成為「一百分之一」×「一百分之一」×「一百分之一」=「一百萬分之一」的人才。也就是將三種經歷相乘的意思。

因此，**在打造個人品牌的時候，也能使用「加乘法」**。

追求奇蹟般的相遇，最重要的就是數量、數量、數量！

「加乘法」非常簡單。

首先要想一個關鍵字。接下來，只要把相關的東西、想到的詞彙加總在一次，**持續相同的步驟直到出現奇蹟般的相遇**。

假設現在有一個「降低員工離職率」的問題。正中央的關鍵字就是「擺脫離職」。接下來只要不斷搭配詞彙即可。

- 擺脫離職的午餐
- 擺脫離職的休假
- 擺脫離職的頒獎大會
- 擺脫離職的禮物
- 日日擺脫離職
- 每週一次擺脫離職
- 擺脫離職的名人
- 擺脫離職的冠軍

我只是把想到的東西寫下來，所以有些詞看起來很奇怪。不過，像這樣加乘之後，就會出現「咦？如果是這個的話，應該可行吧？」、「如果執行看看的話說不定有效果」之類的組合。出現新點子的素材之後，接下來就可以想得更具體。加乘法經常會催生出自己完全意想不到的有趣點子。

總整理

加乘法可以從「想到的東西」開始！

橫向拓展的方法 2／6

「串珠聯想法」

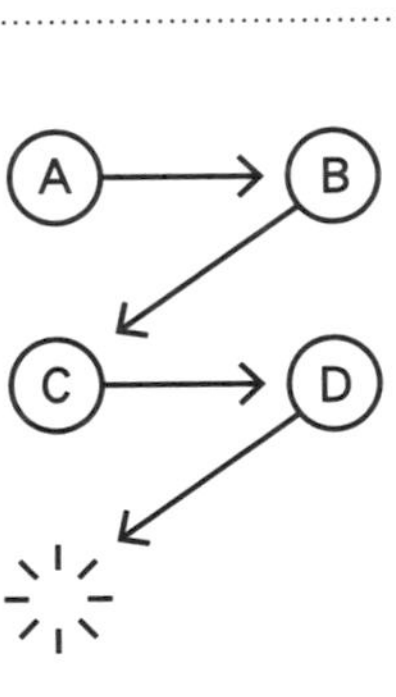

相對於「加乘法」結合從未一起出現過的詞彙，「串珠聯想法」則是**連結有出現過的、能夠想像的詞彙。想在既有的東西上找出嶄新魅力或價值的時候，請試試看這個方法**。

不需要想得很困難。只要把思考的主題放在正中間，然後像串珠一樣從各角度串聯能聯想到的東西，讓思考不斷地向外拓展即可。

接下來我用例子來說明。

假設主題是「振興蕭條的商店街」。

先在正中間寫下商店街。由此開始聯想，就會出現「邊走邊吃」、「超自然景點」、「散步」、「人」、「第三場域」、「活動」、「居民」、「宣傳」等詞彙。

接著，再從「邊走邊吃」開始聯想到「便當」、「午餐」、「定期餐券」等詞彙。「超自然景點」的話，則能聯想到「歷史」、「占卜」、「寺廟」，然後再從中連結到「祈求考上學校」、「朝聖」等。

就這樣不斷連結下去，然後把這些內容寫在筆記裡。

空白筆記寫滿之後，就可以從中找出能應用在商店街的部分。

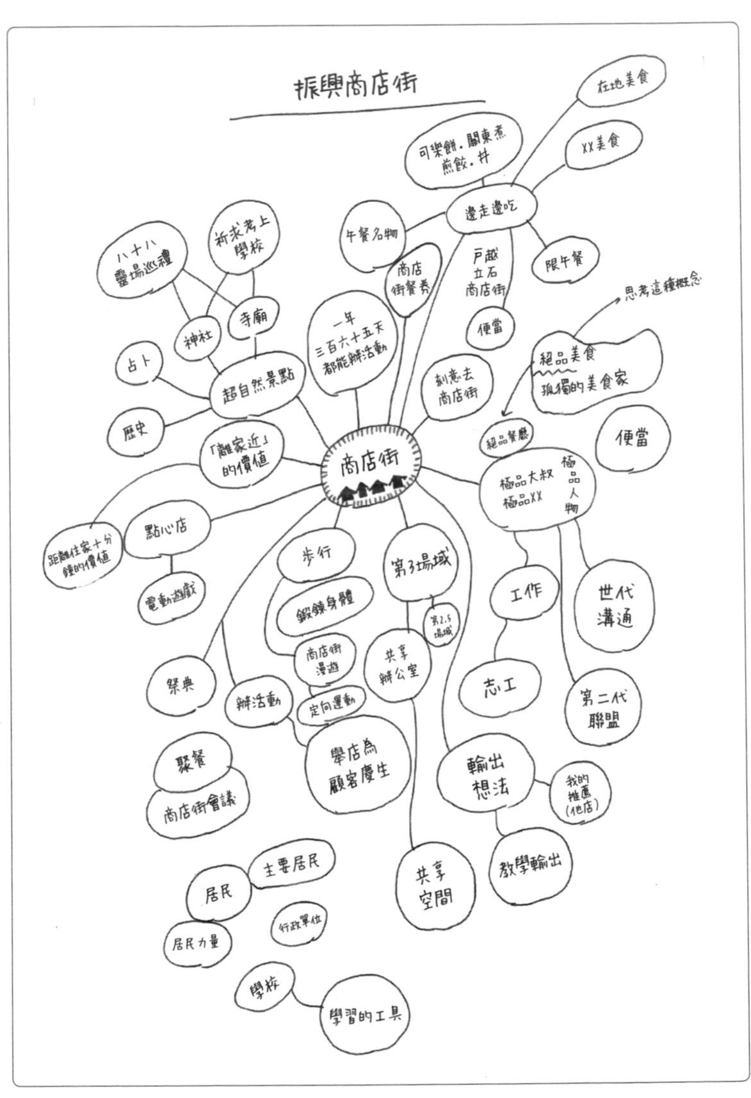

應用「串珠聯想法」思考「振興蕭條的商店街」

像這樣橫向拓展之後，就會出現很多有趣的點子。譬如說可以和商店街的餐飲店合作，推出「商店街定期餐券」。週一由蕎麥麵店出餐，週二由麵包店配送三明治……除此之外應該還會出現很多新點子才對。

你覺得如何？這樣做的話，不就能打造出一個充滿驚喜、有趣又有魅力的商店街了嗎？這就是「串珠聯想法」的妙趣。

如果沒有使用「串珠聯想法」，思考振興商店街的企畫時，往往會變成以下這樣。

「我們商店街也來試試看別的商店街用過的方法吧！」

「萬聖節和聖誕節都辦個活動吧！」

實際上有很多商店街都抱持這樣的想法。

不過，這樣做最後只會落入俗套而已。不去思考商店街為什麼漸漸蕭條，一味模仿其他商店街的模式，很難創造出獨特魅力。

我們當然可以參考其他商店街的作法，但是要從別人的作法不斷聯想，拓展出不同的點子。

如此一來，才能打造商店街特有的魅力。

總整理

先從填滿聯想的筆記開始吧！

橫向拓展的方法 3／6

「挪動法」

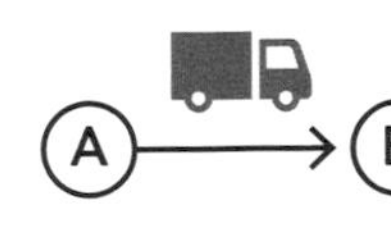

這個方法和「串珠聯想法」一樣，都是從既有的東西找到新方向，能夠重新發現新價值的方法。

如果你在工作上，發現自己負責的商品或服務漸漸退燒，請務必試試看這個方法。

現在廣受歡迎的工作服廠商 WORKMAN 也是用「挪動法」吸引了新客戶。WORKMAN 原本就以工作服品牌擁有一定的地位，但是他們發現將工作服時尚化之後，一般消費者也會購買他們的商品。也就是說，該廠商將戰場「挪動」，不局限於工作服，而是拓展到戶外機能服飾。

不過，戶外機能服飾的領域也有很多競爭對手。

而 WORKMAN 發現的是「廉價且功能性強」的市場。

過去戶外服飾品牌的主戰場一直都是「高價但功能性強」。反觀「廉價且功能性強」的市場就一片空白。所以，WORKMAN 並不是去開發戶外專用的商品，而是重新發現既有商品的價值，進而挪動市場。

就我自己的經驗來說，也曾用「挪動法」打造出暢銷書。《大雄到底憑什麼：學習「不強求」與「做自己」的三十七條邁向人生勝利之道！》就是其中之一。這本書已經發售超過十年，但這幾年銷售量持續成長，已經成為銷售超過四十萬冊的暢銷書。作者是長年研究哆啦A夢學的富山大學榮譽教授橫山泰行先生。原本是針對年輕商務人士設計的自我啟發書籍。

不過，某天讀者寄了這樣的明信片過來。

「我並不擅長閱讀，但是這本書可以輕輕鬆鬆地讀完。」（十一歲男孩）

「漢字有一點難，但是會讓人想一直讀下去，我看得很開心。閱讀心得也很容易寫。」（十一歲女孩）

「這是一本很棒的書，讓我對大雄改觀了。我會用這本書寫一篇讀書心得。」（十二歲男孩）

看書店的後台資料，發現四十幾歲的女性購買者變多了。剛開始我不知道為什麼會是四十幾歲的女性來買，但是當明信片陸陸續續寄來的時候，我終於明白了。是國小生、國中生的媽媽買的。

因此，我把這本書的定位，從「商務人士的自我啟發書」挪動到「兒童閱讀心得也能使用的書」。同時也拜託書店，把書從「商務自我啟發書區」移到「童書區」。譬如說，放在暑假指定閱讀的書籍旁邊。

結果，這本書開始傳達到孩子們手上，變成銷售超過四十萬冊的暢銷書。因為挪動了價值，使得該書暢銷。

「挪動法」就是重新發現原有的價值。**即便是理所當然的東西，只要用「挪動法」重新審視，就可能創造出嶄新的價值。**

與其用「頭腦」不如用「眼睛和耳朵」

「挪動法」最重要的是捨棄偏見。

暫時放下過去的經驗，不要設定目標客群，去尋找可以挪動的地點或人物。此時需要傾聽商品或服務用戶的意見並且仔細觀察。

《大雄到底憑什麼：學習「不強求」與「做自己」的三十七條邁向人生勝利之道！》之所以能使用挪動法，就是因為傾聽讀者的聲音。

光用自己的頭腦思考會有所限制。認真聆聽意見、仔細觀察，就會有不同的新發現。

把扭蛋機放在機場，成為受外國人歡迎的伴手禮，或者是把高湯放在自動販賣機販售，創下一年數十萬瓶的銷售佳績，這些都是「挪動法」的成功案例。

如果是業務的話，可以試著挪動跑業務的地點。人事部門的員工，可以試著挪動員工研習的內容。

並不是創造出新東西才叫做創新。
「重新定義價值」也能是一種創新。

總整理

仔細聆聽顧客和市場的聲音，就會有意外的發現！

橫向拓展的方法 4/6

「擺脫二選一機制」

去餐廳吃飯的時候，想吃漢堡，但也想吃炸蝦。嗯……怎麼辦才好呢？

這種時候，如果有「漢堡炸蝦定食」一定會很開心。

人在一天當中要做許多選擇。

到死之前會碰到多少次A或B的場面呢？

「要先洗澡嗎？還是要先吃飯？」

「我和工作哪一個重要？」

「先寫完功課才能出去玩！」（這可能不算選擇，而是強迫……）

不過，在「思考」的時候，會需要「A及B」而非「A或B」。

假設你想減肥。

所謂的減肥，簡單來說就是壓抑「想吃東西」的欲望，以「想瘦下來」的欲望優先。一般認為「想吃東西」和「想瘦下來」這兩個欲望相衝突，選了其中一個，就會失去另一個。

不過，如果有一個方法能同時滿足「想吃東西」和「想瘦下來」的欲望，那麼想減肥的人一定會很開心吧。

在思考瘦身商品和服務時，只要能開發出同時能滿足兩種欲望的東西，就很可能暢銷。

被問到「我和工作哪一個重要？」的時候，不選擇其中一個選項，而是思考兩者兼得的方式不是很重要嗎？只要能做到這一點，夫妻或情侶之間的感情就能保持穩定。

與其二選一，不如一石二鳥

「擺脫二選一機制」的**好處就是可能一次解決多個問題**。

前幾天，我在廣播裡聽到這樣一則故事。

結束夜班的爸爸回到家。媽媽想去買東西，但家裡有四個幼兒，而且那天不巧還下著雪，很難帶孩子一起去買東西。爸爸才剛結束大夜班，正是要睡覺的時候，所以也不能把孩子丟在家裡。

結果，爸爸說：「我來帶孩子，妳去買東西吧。」恭敬不如從命，媽媽決定去買東西。過了三十分鐘後回到家，爸爸在客廳睡覺。平常這個時候都在搗亂的四個孩子圍著爸爸，安靜地在畫畫。這是怎麼回事？

其實，爸爸在睡著前對孩子說：「把我睡覺的樣子畫得最好的人有巧克力吃喔！」所以孩子們都很認真在畫畫。

這就是應用A及B思考而非A或B的最佳範例。

「擺脫二選一機制」的方法很簡單。

只要在必須選擇A或B的時候，不選擇其中一個，而是思考「兩者兼得」的方法，從這一點開始即可。

假設你有其他想做的事，正在煩惱要不要辭職。雖然想辭職，但是又擔心錢的問題。

這種時候，我就會從「該怎麼樣才能不辭職又可以做想做的事」開始思考。

抱著可能會被拒絕的心情，嘗試和公司交涉，能不能把聘僱合約改成每週上班三天，或者是無論有沒有前例，都試著商量能否改變公司的制度。能做的事情全都做過之後，真的不行再辭職就好了。

人往往會選擇自己能做到、比較輕鬆的選項。如果一直作這樣的選擇，就無法產生新的點子，自己也不會成長。

人生就是不斷的選擇。你如何做選擇，會大幅改變你的人生。

既然如此，當然會想要選擇對人生更好的、能拓展自己潛能的選項吧。如果是工作的話，當然會想選擇能夠解決問題、創造新事物、提升效率的選項。

為了能做到這些，就要「擺脫二選一機制」。這種思考法不是選擇「其中一個」，而是像同時應用引擎和馬達的油電車一樣，「擇優使用」。

總整理

做選擇之前，先「擺脫二選一機制」思考吧！

橫向拓展的方法 5／6

「整合法」

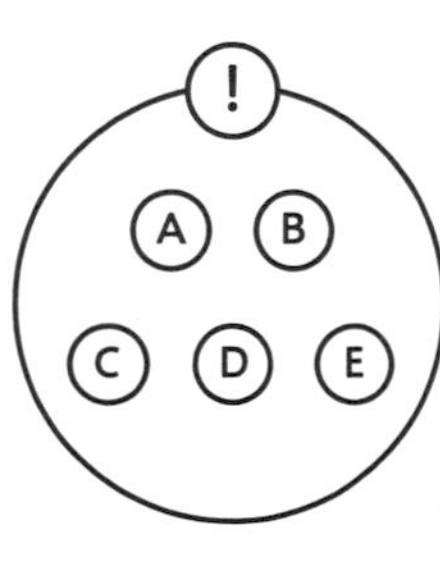

吉祥物之父三浦純先生就是「整合」的天才。

其實吉祥物原本並不可愛。想著要打造一個正經的吉祥物，結果最後卻產生出可愛的形象，這就是吉祥物誕生的基礎。以前從未受過矚目的吉祥物（以前叫做品牌形象）經過整合，引爆一陣吉祥物旋風。

其過程非常完美地經歷「整合」、「加乘」、「標語」等能夠產生價值的步驟。讓全日本出現一股吉祥物風潮。

「整合」是一件有價值的事。

譬如說，最近有很多慶典和活動受到歡迎。大樓慶典、麵包博覽會、肉品歡樂祭、文具女子博覽會……連溫泉湯豆腐這種活動也很受歡迎。

即便是小衆市場，經過整合也能大幅提升魅力。

三浦純先生透過整合法推出的「Kani Pan」活動，實在小眾到令人失笑。所謂的「Kani Pan」發音聽起來像是螃蟹麵包，但其實是收集吃螃蟹之旅的傳單。他將螃蟹之旅的傳單命名為「Kani Pan」，賦予它新的魅力。

或許會有人覺得疑惑：「整合和收集資訊有什麼不同？」

所謂的「整合」就是專注收集特定領域的資訊，然後再輸出其魅力與價值。

最近，在電視節目上，經常會採訪特定領域的狂熱分子對吧。鯖魚罐頭迷、挖空看板專家、遺失物品專家……各種冷門範疇的專家經常登場。這些人只收集、整合該領域的資訊，然後把該領域具有的魅力當成價值傳遞出來。

這就是「整合法」。

收集↓法則化↓執行！

「整合法」的使用方式就像這樣——

假設你想要提升業績。

首先，先收集世界上各種跑業務的方法。你應該能以跑業務為主軸，找到很多手法，譬如有效的約時間方式、簡報方法、成交方法等。

收集完之後，就要把這些方法「法則化」。

法則化的第一個步驟就是命名。像「成交的二十個法則」這樣，為了創出專屬於自己的原創方法，用「某某法則」來命名。

接著就是整理內容。將相同的內容歸納到同一類，整合所有的資訊。收集並整理大量資訊之後，就會出現幾種能提升業績的元素。如此一來，你就能俯瞰跑業務這個工作。

假設現在整理出二十個元素，我們就知道「跑業務這個工作，只要徹底執行二十個元素就能提高成功機率」。接下來，只要執行即可。

以「整合法」為基礎，和本書中介紹的各種「思考技術」結合，就能提升內容的強度。

譬如說，我在工作上就會應用「引爆潮流的十八個策略」。制定這項法則時，我運用了「整合法」×「三百六十度分解法」（一三八頁）×「標語法」（一七一頁）。

過去有很多潮流興起又消退，不斷重複。我試著調查、歸納、整合為什麼會引發潮流以及過去曾出現哪些潮流。結果，我發現了很多事情。

無數的潮流都有一些共通點。我從「整合法」開始，搭配「三百六十度分解法」、「標語法」等方法，制定出十八個策略。

總整理

單一項看起來很普通，但整合之後就會產生原創性！

橫向拓展的方法 6／6

「如果有就好了」

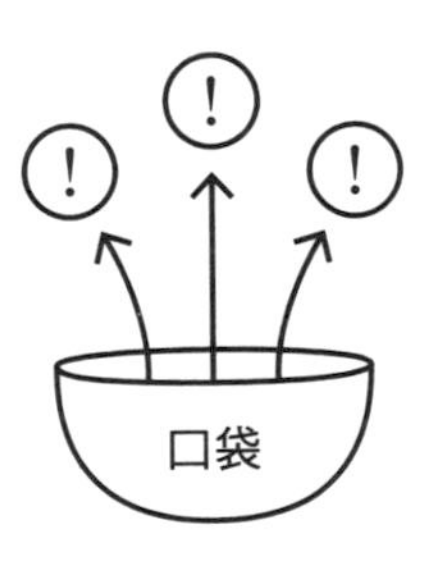

我在第三十八頁提到「非邏輯性思考」的重要性，不過「思考」和「邏輯」的確是很搭的組合。因此思考的時候難免會朝有邏輯的方向前進。

為了做到非邏輯性思考，刻意採「跳躍性思考」很重要。這種時候就能使用「如果有就好了」的方法。

很多創新都來自「如果有就好了」這種想法。

iPhone 和 Facebook 等產品都是從「如果有這種商品或服務就好了」的想法發展而來。

我來說一個有點久遠的故事，你有聽過知名的 SONY 隨身聽的開發秘史嗎？因為「如果有就好了」這個念頭而製作出可攜式的小型播放器，才能將當時不存在的隨身聽商品化。

據說開發產品的第一線人員都說「沒辦法做出這麼小的播放器」，但這才是大家都覺得「如果有就好了」的尺寸。

我們也以「如果有就好了」的心情在企劃書籍。

據說非洲人因為在大自然中有很多機會遠望，所以視力很好。日本很難有看遠處的條件，如果能透過看風景照，達到鍛鍊眼睛的目的就好了。從這個想法催生的就是暢銷五十萬冊的《一天一分鐘就能鍛鍊視力的二十八張照片》。

如果光聽音樂就能調整自律神經就好了。從這個想法催生《名醫的自律神經音樂療法》。這個系列總共銷售一百三十五萬冊，非常熱銷。

在企劃書籍的時候，經常會聽到「模仿已經暢銷的書」這種擬定企畫的方式。但是，我並不重視這些。

做出全新的東西。做出「如果有就好了」的書。這是我企劃時的第一步。

就把自己當成大雄，好好想一想吧！

「如果有就好了」的使用方法很簡單。

人在想一件事情的時候，就會往可行、能實現的方向想。「如果有就好了」

的方法是暫且將現實和可行性放一邊，**化身爲只想著靠哆啦Ａ夢道具的大雄，思考「如果有某某道具就好了」**。

將「如果有就好了」設定為目標，之後要怎麼達成，可以應用其他思考法想想看。

假設以「如果能舒適地通勤就好了」為例子。每天在上班時間擠電車很討厭，希望能夠舒適地通勤，這應該是很多人都期盼的願望。

那麼，何謂舒適的通勤呢？

不必在電車裡擠得像沙丁魚，能在座位上好好睡一覺，或者在電車裡輕鬆看影片或看書。

如果能實現以上三點，就等於達成舒適通勤的目的。

避開擠滿人的電車 × **能好好睡覺** × **能看影片或看書**

只要不是遠端工作，在公司上班就必須面對通勤的問題。幾十年都抱著討厭的感覺通勤，繼續忍耐下去實在很痛苦。既然如此，認真思考「如果有什麼幫助通勤的東西就好了」，這對人生來說應該是重要度頗高的事情才對。

接著，使用「串珠聯想法」，或許可以這樣想想看：

- 避開擠滿人的電車➡在擠滿人之前的時間搭車，改變通勤時間；要求公司同意彈性調整上班時間；腳踏車或機車上班。
- 坐在座位上好好睡一覺➡在有座位的時間通勤、搭乘各站停車的車輛或第一班車等有座位的電車。
- 能看影片或看書➡使用能放置手機的背包、在電車內創造能輕鬆使用手機的環境。

首先要試著有所行動。忍耐數十年的不便，等於累積難以想像的壓力。是否執行這些方法，會讓你的人生大幅轉變。不只能減輕早晨的壓力，還能讓身體休息，使早晨的時光蛻變成效率最好的時段。寫出來之後，這些作法看起來都很理所當然，但**其實大家往往會選擇對自己來說不是最好的選項**。

請各位試著應用「如果有就好了」的方法，改善自己的人生吧。

總整理

想法和夢想不要只放在心裡，而是想辦法實現！

垂直加深的方法 1／6

「三百六十度分解法」

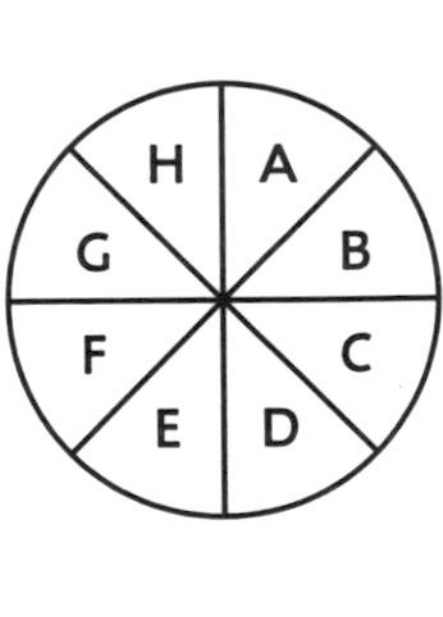

接下來要介紹垂直加深的方法。

「三百六十度分解」是能夠「找到好東西」的思考方法。

譬如像這樣：請回想一下你不擅長應付的人。我想不管是誰都會有幾個這樣的對象，請想著那個人。

如果你覺得不擅長應付也沒關係，那就無所謂，但若是工作上要接觸的人、朋友圈的其中一人，一直忍耐就會累積很多壓力。既然如此，不如讓壓力一掃而空。這種時候也可以應用「三百六十度分解法」。

為什麼會不擅長應付那個人呢？背後一定有原因。

譬如對方有一些「個性很差」、「一直裝熟很討厭」、「一副高高在上的樣子」等讓你難以招架的地方。

不過，絕大多數的場合，我們都是只看到對方的其中一面而下判斷。我們通常不可能從多個面向看待一個人。

據說人類的大腦會選擇對自己有利的材料判斷一件事。越是討厭的人、不擅長應付的人，就越容易只看到對方討人厭、不好相處的部分。

怎麼樣？請想想你不擅長應付、討厭的人。你想得到那個人的優點嗎？

在你判斷「那個人很情緒化，眞麻煩……」之前

這時候，你就可以使用「三百六十度分解法」。

「三百六十度分解法」就是即便很勉強也要三百六十度全方位分析出優點、魅力、價值，然後一一寫下來。

這很簡單，我們一起試試看吧！

首先，在正中間寫出主題。旁邊寫出「類別」。然後在每個「類別」寫下任何有關主題的東西。

這個時候要注意的是，**不能只寫缺點，也要寫出優點**。

如果以「公司裡難相處的A先生」為主題，正中間就可以寫A先生的名字。周邊可以寫下「類別」。這種情況的話，類別就是「個性」、「想法」、「工作上能認同的地方」、「很努力的部分」、「缺點」、「外表」、「人際關係」、

「金錢觀」等。試著在每個類別中填入和A先生相關的事情。

然後暫時停下來，看看你寫了什麼。

接著，**把長處替換成短處、短處替換成長處**。這就是之後會說明的「正向價值化」。

假設「個性」這一項填寫「A先生很容易情緒化」。那麼請在下方寫上「他努力到總是讓情緒爆發」或者「試圖解決問題的想法會呈現在情緒上」，讓對方的短處反而變成長處。反之亦然。如果寫著對方的長處，那就用同樣的方法寫成短處。

透過這種方式，從各種角度寫下和A先生有關的事情，就會發現自己覺得不好的地方，其實也包含正面的元素。如此一來，應該就能找到很多A先生的優點了。

透過三百六十度分解法，能夠找到和過去不同的嶄新價值。

你是否因為「不景氣」、「人們越來越少……」之類的詞彙而停止思考呢？

我再舉另一個具體的例子讓大家一起思考看看。

我所處的出版業界，最近大家都說不景氣。

出版業不景氣的元兇在於「購書的人和金額減少」。

思考為什麼會變成這樣時，就會發現背後有很多原因，不過歸根究柢，其實就是和影片、網路資訊、社群網絡等各種數位內容相比之下，「買書閱讀的價值」已經降低了。

那麼，要怎麼讓讀者願意讀書、買書呢？我們用「三百六十度分解法」來思考書籍的「優點」。

「書籍與生存方式」、「書籍與工作」、「書籍與金錢」、「書籍與健康」、「書籍與人際關係」、「書籍與時間」……有很多範疇。

從中挑選「書籍與健康」來思考的話，就會發現以下的數據：

- 很多健康長壽的人喜歡閱讀
- 閱讀能讓大腦回春
- 短時間的閱讀也能大幅減輕壓力

不過，這些資訊其實沒什麼人知道。從「書籍與健康」的面向來看，有很多書籍的價值不為人知。

不要一直哀怨出版業不景氣，而是用「三百六十度分解法」傳達價值，我認為這一點很重要。

總整理

想找出「優點」或「強項」的時候就用三百六十度分解法！

垂直加深的方法 2／6

「正向價值化」

缺點＝優點

弱點＝強項

食品販售廠商 Oisix Ra Daichi 股份有限公司推出名為「Kit Oisix」的食材套餐。專為忙於工作、家事、育兒的三十到四十多歲女性開發，以「二十分鐘就能做出主菜和配菜」為概念，打造出超熱銷商品。

這項商品的優點是消除忙碌的女性直接買現成菜餚的罪惡感，也設定「二十分鐘」的時間讓顧客有做菜的感覺，再加上「快速」這樣的概念，讓「縮短料理時間」本身就產生正向價值。

聽到「快速」這個詞會有一種是不是偷懶、偷工減料的負面印象，但創造出「令人驕傲的快速」這樣的價值，反而打動了忙碌的女性族群。

原本具有負面印象、否定意義、一直被拒於門外的東西，也能產生嶄新的價值。

缺點和優點都不是絕對的，只是觀點不同而已。

・工作速度快➡工作馬虎

・工作速度慢➡慢工出細活

就像這樣，優點和缺點能夠互換。

藝術指導佐藤可士和先生的著作《佐藤可士和的超整理術》一書中提到麒麟啤酒的「極生」發泡酒，就是「正向價值化」的成功案例。

當時，發泡酒是比啤酒還低一階的廉價酒品。因此，發泡酒的包裝和廣告都沿用啤酒的形象。其實就是想讓人看起來像啤酒。

佐藤可士和先生發現大家都沒有想到發泡酒的原創性，所以將建立發泡酒的定位視為最重要的課題。

接著，用「廉價版啤酒」→「能在休閒時品嚐的現代風飲品」、「不夠濃烈」→「口感輕盈清爽」的方式將缺點正向價值化。「極生」的戰略非常成功，最後也成了熱銷商品。

掌握弱點的根源並找出解決之道

「正向價值化」不是把一切轉化成正向就好。最重要的是**釐清主題的根本問題與價值**。

假設我們要針對「到醫院看診要等很久」這個問題來思考解決方法。而這個問題的根源可能是「覺得浪費時間」、「無聊」、「想把等待的時間拿去做別的事情」。就現實面來說，要減少患者的數量很困難。既然這樣，只要思考如何讓患者在等待時不無聊，甚至能享受這段時間即可。

將「浪費時間」、「無聊」正向價值化時，需要思考的是和「浪費時間」、「無聊」相反的狀態。試著思考「感覺度過一段有意義的時光」、「能夠專注並享受這段時光」是什麼樣的狀態。

看電視劇或電影、閱讀、和別人聊天、活動身體……這些時間都讓人覺得有意義，也能專注並且享受。

既然如此，可以請出版社協助，打造一個「醫院圖書館」，收集健康相關的書籍，為患者的健康概念啟蒙。或者請健身房協助，舉辦「行動體操教室」。

對出版社、健身房來說也有好處，他們能藉機和患者對話，宣傳自家商品和服務。而患者「等待的時間」就能從此轉變成「學習的時間」或「照顧身體的時間」。

這就是「正向價值化」。

雖然可能會因為預算、人手或法律層面的問題，不一定能完全實現，但應該會有符合限制的方案才對。請試著用「正向價值化」把弱點變成強項吧。

總整理

「弱點・缺點」也能轉換成「強項・優點」！

垂直加深的方法 3／6

「自我、他人、社會」

明明是初次見面，卻能夠聊得很起勁，你有過這種經驗嗎？原因應該在於「發現共通點」吧？譬如兩個人是同鄉、有相同興趣、有共同的朋友……

在思考人會想了解什麼或對什麼產生興趣時，就要用到關鍵字「自我、他人、社會」。

「自我」就是指自己有興趣的事。

「他人」指的是家人、朋友、公司同事等和自己有深切關聯或者和自己親近的人相關的事情。

「社會」指的是社會整體有興趣或流行的事物。

只要這三個元素重疊，就會大幅提升人們的興趣。如果是商品或服務，人們就會想購買。

譬如我參與製作的書籍《一天一分鐘就能鍛鍊視力的二十八張照片》暢銷五十萬冊就是這樣。

【自我】

- 最近有點老花或近視
- 最近眼睛很容易累

【他人】

・孩子或孫子太常玩手機或電動，實在很擔心
・父母最近常說老花越來越嚴重
・擔心年邁的雙親自己開車
・想送禮物給家人或朋友

【社會】

・日本人的視力越來越差
・智慧型手機老花眼、濾藍光等和眼睛有關的事情蔚為話題

因為這三項要素都毫無遺漏地包含在內，所以這本書也吸引了從十幾歲到八十幾歲的廣泛年齡層。

談戀愛、業務話術都能派上用場！

其實這三項元素也能用在談戀愛。

想更接近喜歡的人，在對話的時候，請巧妙地加入喜歡的人會在意的「自我、他人、社會」元素。

對方有興趣的事情（「自我」）當然不能錯過，再將對方有興趣的事情連結到「社會」，一定會聊得更起勁。透過加入「他人」的元素，也能讓對方留下「這個人很為我著想」的印象。

不只談戀愛，想說服對方或者傳遞重要訊息的時候，請試著在對話中加入這三項元素。相信一定能大幅增加認同感。

譬如我很喜歡咖啡，如果咖啡店的店員對我說這種話，我一定馬上買一包咖啡豆。

「柿內先生喜歡醇厚帶苦味的咖啡對吧？這款咖啡豆正好是柿內先生喜歡的味道。而且香氣很棒，假日的早晨如果在家裡泡一杯這樣的咖啡，整個屋內充滿咖啡的香氣，您的太太和家人也能用好心情迎接週末的早晨喔。順帶一提，這款咖啡豆是公平貿易豆，對原產國生產咖啡豆的區域也能有所貢獻。」

這就是完全體現「自我、他人、社會」元素的對話。

「自我、他人、社會」是賦予意義的必要三元素。具有這三項元素，能提升人的認同感，促使人們行動。

如果是商品或服務的話，會將人導向購買；如果是人際關係，能縮短和對方的距離。

總整理

想說服對方、想讓對方產生興趣時請試著使用這個方法！

垂直加深的方法 4／6

「雙六法」

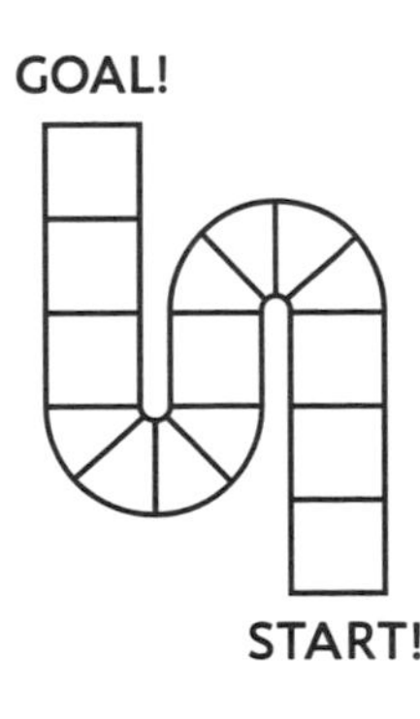

行銷圈有「市場導向」和「產品導向」這兩個詞彙，「雙六法」就是在「市場導向」上可以使用的方法。

譬如思考新書企畫的時候，很多編輯會想著「希望打造一本很多人能閱讀的暢銷作」。

如果是「想企劃一本能夠銷售百萬的書」，就會思考：「為了達成銷售百萬冊，必需做哪些事？」

此時，腦海中會浮現幾個重點。除了漫畫或人氣小說的案例之外，以下就是產出銷售百萬冊暢銷作的條件：

- 潛在讀者超過三千萬人
- 以書籍發表的必要性
- 受人氣電視節目大幅報導的潛力
- 讓書店願意大力鋪貨
- 社群網絡願意提起這本書，讀者會想介紹給別人看

順帶一提，據說百萬暢銷作基本上有一定的範疇。限定在溝通會話、生活風格、健康、減重、理財、童書、學習書等領域。

根據我們的經驗，如果沒有三千萬人以上的潛在讀者，就很難達成銷售百萬的目標。也就是說，潛在讀者少的領域，很難產生超級暢銷的書籍。

而且，要讓人氣電視節目願意報導，就需要「和節目有連結」，或者是有一個讓節目想報導、可望提升收視率的企畫。雙六法就是透過反推，連結到結果的方法。

此時的重點是要盡可能精密推算。

徹底推算的話，傳達給更多人的可能性就會提升。

反推思考可以應用「雙六法」

推算的時候，我經常用的方法就是從目標反推的「雙六棋盤」。

設定起點和終點，然後填入中間前進的格子，寫出一份抵達目標前的待辦清單。就像在玩人生遊戲一樣。最近的人生遊戲不再以金錢為目標，而是以成為網紅增加追隨者為目標。我自己的目標大多是把書傳遞給更多人、讓更多人閱讀。

起點從書籍發售前開始。

首先在預約階段就要擠進亞馬遜的暢銷排行榜前一百名。

接著在發售之後，在各書店每天都要賣出三本。擠進書店的暢銷排行榜。

像這樣打造一個具體的雙六棋盤。雙六棋盤其實就是在思考戰略和戰術，不過，畫雙六棋盤有兩個好處。

首先是**非常有趣**！可以享受小時候畫畫玩遊戲的樂趣。隨處加入插圖，然後用顏色分類，請用這種像是在畫雙六棋盤的感覺試試看。

另一點就是**視覺俯瞰到終點的路程，更明白當下應該做什麼**。這也是畫雙六棋盤的魅力。

不只工作，和孩子一起規劃暑假作業的計畫或者為自己的嗜好擬定企畫時，我也推薦使用雙六法。

實際上試過一次之後，就會發現很少能按照當初畫的圖前進，此時可以一邊修正圖的內容，一邊往目標前進。

我自己經常以如何傳遞書籍為主題製作雙六棋盤，**所以製作棋盤時我會特別注意隨時創造和潛在讀者的交集。**

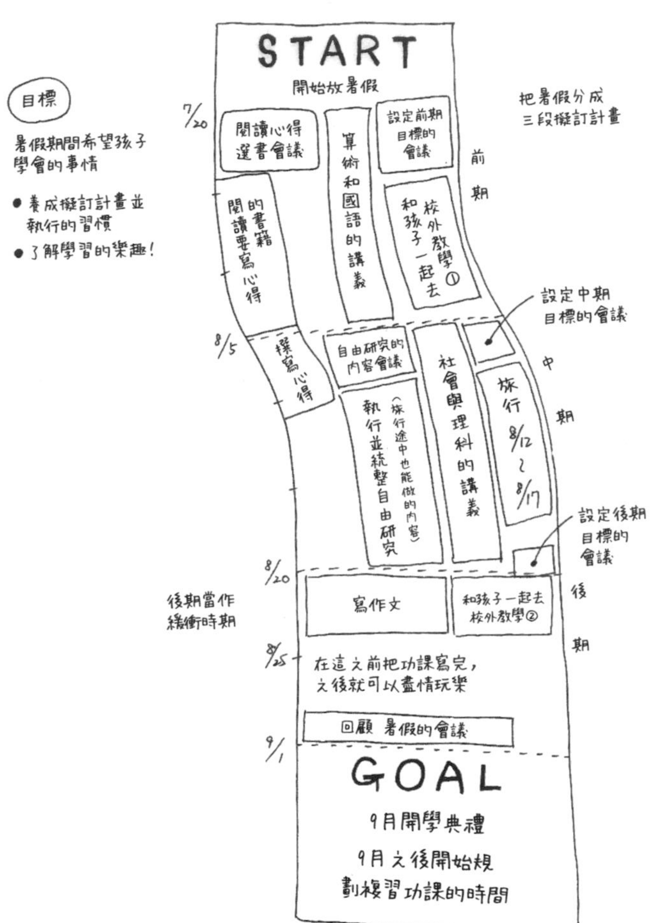

以暑假作業爲基礎，使用「雙六法」思考「暑假期間希望孩子學會的事情」

雖然人有可能和商品接觸一次就決定購買，但一般來說接觸的頻率越高，越可能對該商品感興趣並且購買。

因此，為了提高接觸頻率，我會構思各種方式。廣告、社群網絡、媒體宣傳、辦活動等等。在企畫開始的時候想像這些過程，然後提前製作出雙六棋盤。

總整理

想找到和目標之間的最短距離時，可以應用雙六法！

垂直加深的方法 5／6

「找出眞面目」

所謂的「找出真面目」就是**找出人們心中「看不見的心理現象」**。

感覺、直覺、總覺得……人並非總是靠邏輯在行動。反而更常憑感覺行動。「找出真面目」就是將這種曖昧的東西具體化、語言化的方法。

電影製作人兼作家川村元氣先生曾說，打造暢銷作的要素之一就是「發現集體潛意識」。

因為把潛意識化為肉眼可見的東西，就能獲得廣大民眾的共鳴，打造出暢銷作。

暢銷作＝「潛意識」×「人數」。

透過「找出真面目」的方法獲得碩大果實的案例，就是現在廣受成熟女性歡迎的三麗鷗彩虹樂園。我想成功的秘密應該有很多，不過其中一個應該就是「找出真面目」。

譬如每個三麗鷗的角色都要「找出喜歡該角色的人的共通點，然後針對共通點開發周邊商品」。他們發現三麗鷗的人氣角色有很多，但每個角色喜歡的受眾類型都不同。

的確，有人因為喜歡毛茸茸的柔軟感，所以才喜歡某個角色，也有人會喜歡酷酷但很可愛的角色，或者只是單純喜歡粉紅色，大家的喜好非常多元。配合這些喜好，改變並開發設計或商品本身，打造出許多打動粉絲的商品。

「找出真面目」的方法之所以能掌握人心，是因為把人們心中原本就有的東西呈現出來，可以說是理所當然的結果。如果能讓大家覺得「沒錯沒錯，我就是想要這個！」「這個就是為了我而設計的啊！」那就是大成功了。

透過比較就能讓潛意識「可視化」

那麼，我們該怎麼找出真面目呢？我建議**應用「比較」這種方法**。

用食物來思考的話，應該會比較好懂。

我很喜歡吃梨子。現在梨子有很多品種對吧？幸水梨、長十郎梨、新高梨、豐水梨、二十世紀梨……不過，我的味覺並不敏銳，無論吃哪一種，我都只覺得「好吃」，無法體會什麼品種具有什麼特徵。

去體驗採梨的時候，有機會能一次吃到很多品種的梨子。也就是說，自然而然會比較。

結果，每個品種的味道差異就非常明顯。水分多寡的差異、甜度種類的差異、口感，比較之後就會發現每個品種都有獨特性，吃起來完全不同。

以前我只知道「梨子」這種水果，比較之後才知道，還有幸水梨、新高梨、豐水梨等不同的梨子。接著，我也因為這樣清楚了解自己喜歡哪一種梨子。**透過「比較」能夠呈現自己沒有發現的事情**。

以剛才三麗鷗的例子來說，想知道每個角色的粉絲類型有什麼不同，不只要分析單一角色的粉絲，還要和其他角色的粉絲比較，才能釐清差異。

有一部系列作《投資新手的三千日圓投資法》，暢銷八十萬冊。這本書之所以暢銷，有一部分的功勞來自「找出真面目」。在日本，有些人會投資，但有些人不會。透過比較兩者特性的資料，將「許多日本人對投資的憂慮」可視化。

從這裡可以找到「各年齡層都對未來的財務狀況感到不安」、「對投資有興趣，但覺得很害怕」、「投資感覺很難，而且門檻很高」、「雖然喜歡賺錢，但想到理財就覺得煩」等重點。

只要能以這些元素為基礎擬定企畫，應該就能打動很多人。後來這本書成為暢銷書，曾是商業類年度暢銷排行榜第一名的書籍。

只要知道潛意識的眞面目，就能明確瞭解應該採取什麼行動

「找出真面目」還有這種使用方式：

這次我一樣用跑業務當作範例。假設有一個從事業務工作的人，正在思考該如何提升銷售額。我們來分析一下跑業務這個工作的真面目。

思考人的潛意識會基於什麼理由購買商品或服務。思考之後發現：

跑業務的工作＝ 人際關係 × 商品力 × 價格 × 公司的信用

這只是我個人思考的結果，應該還有其他的發現才對。不過，了解真面目之後，我們要採取的行動就很簡單了。如果想要提升業績，只要分別思考「人際關係」、「商品力」、「價格」、「公司的信用」即可。

「人際關係」方面可以改善構通方法；「商品力」方面可以改良商品本身，或者思考傳達商品魅力的方法，能做的事情很多；「價格」方面如果比競爭對手貴，那就要懂得如何說明這個價格的價值；「公司的信用」很有可能並沒有傳達到對方心裡，所以做好傳達的準備也很重要。

「找出真面目」就像解謎遊戲一樣有趣。請用享受的感覺來「找出真面目」。

總整理

找出人們心中看不見的潛意識吧！

垂直加深的方法6／6

「標語法」

命名〇〇〇

為什麼「第一道日出」會具有價值？

每天都有日出，但是「第一道日出」卻很特別。簡而言之，是具有價值的日出。呈現價值化的方式就是「第一道日出」這個名字。名字本身成為標語，然後產生價值。

在演藝圈引起騷動的「私自接案」問題，當初這個詞彙只有「瞞著經紀公司接案」的意思。

但是，受到「私自接案」這個負面的標語的影響，詞彙的意義已經擴散到「幹了一件不得了的壞事」。

只是一個詞彙，就大幅改變人們的印象。

如果暢銷書是這種標題，你覺得如何？

《三千日圓的投資生活》

↓ **《從三千日圓就可以開始小額投資》**

《長壽味噌湯：醫學實證！一天一碗，輕鬆喝出不生病的免疫力！》

↓ **《醫生這樣說！爲了健康要多喝味噌湯》**

只是改變標題，就讓書本的魅力降低。

即使你有再好的點子，傳達方式不對的話，就無法達到目標。

世界上有很多傳達方式失敗的案例。譬如出現「難以理解價值」、「傳達的重點太模糊」等令人遺憾的傳達方式。

用具有魅力的語言表達！

語言化其實就是把頭腦中不清楚、不確實的東西，描繪出輪廓，提升解析度。「標語法」可是說是把語言化的東西進一步昇華成更有魅力的表達方式。

【混沌的大腦】

↓透與語言化，將大腦中不清楚的東西畫出輪廓並提升解析度

↓透過「標語法」將已經語言化的東西打上蝴蝶結，包裝成具有魅力的樣子

語言化本身就是一種思考，將已經語言化的東西再度精煉成標語也是一種思考。

透過標語化，就能夠提升思考的價值。

做好「語言儲蓄」！

那麼標語法該怎麼執行呢？

這是連專業編輯或文案寫手都覺得很辛苦的工作，一點也不簡單。不過，這也不是只有專家才能做的事。

我建議的方法是**「語言儲蓄」**。

日常生活中碰到具有魅力的標語、令人心動的名言、讓人在意的一句話，把這些都記錄在筆記本或者手機裡。

當你思考的時候，可以回過頭來看這些筆記。

譬如我就對這種類型的詞彙進行「語言儲蓄」：

神之手、內臟過勞、高湯女、夏季・冬季伸展運動、〇〇粉、〇〇食堂、越煩惱就飛得越高、混合〇〇、明明〇〇卻〇〇、超越極限、疲勞日曆、疲勞三兄弟、潛在疲勞度、創作力的方程式、〇育、〇活動、向前走、突如其來的高峰、專家品牌、〇〇重播、因為獲勝而興高采烈不算贏、高解析度、咖哩粉威能、咖哩炸雞、創意解決方案、大人的〇〇、〇〇挑戰、你的敵人是習慣和遺忘、快速〇〇、創意的教養、創意獵人、番茄醬〇〇、〇〇的風暴、〇〇療癒、鬼速〇〇、超速〇〇、價值設計、三大〇〇、〇〇專家、魅力化、七個問題、無所事事的人、筆記熟成、〇〇腦、擺脫〇〇、〇〇專用、當自己開始邁向高齡、拖延力、〇〇改變、〇〇騷擾行為、凡人的逆襲……

這裡舉出的例子只是冰山一角。上文只介紹短句，不過我不只收集短句，也收集較長的文章。在思考的時候回顧這些內容，就會帶給我各種靈感。

而且，透過在筆記或手機中記錄這些內容，「什麼樣的語言具有魅力」的手感也會留在自己心裡，這也是「語言儲蓄」的好處。

總整理

透過「語言儲蓄」磨練下標語的能力！

專欄3

正因爲很難，才更需要親自動手

「那很難對吧。」

這句話經常聽到，但我並不喜歡。

因爲，我總是會這麼想：

「因爲很難，所以自己來做這件事才有意義。如果很簡單的話，就不需要我了。我想做只有自己能做到的工作。」

困難的課題就表示有機會。或許能做到只有自己才能夠完成的事。

不過，人只要看到眼前有困難就會本能地想要躲避。「看到高山就想攀登」這種想法是需要訓練的。

那麼該如何打造「想解決難題」的心智呢？

首先就是要**「遊戲化」**。把課題設定必須攻略的目標，打造一個能夠過關的遊戲。

請試著想想看。

玩遊戲的時候，太簡單的遊戲很無趣。困難的遊戲玩起來才有意思，也會有成就感。

或許有人會覺得「不喜歡挑戰困難的事情之後落得失敗的下場」。

不過，即便失敗，對你來說也是寶貴的經驗。

第七十八頁也有提到，我對自己失敗的次數和悲慘程度很有自信，這一點絕對不會輸給任何人。年輕的時候更是經常失敗。不過，那些經驗確實至今都能應用。失敗反而值得感謝！

挑戰困難的事情，碰到不順利的時候，不是會被罵嗎？而且還要花很多時間解決難題，不是很累嗎？人都會這樣想。

不過，我覺得比較挑戰難題的優缺點，就會發現挑戰難題的優點明顯大於缺點。

挑戰難題的優點

・創造出只有自己能產生的價值

・如果順利的話，就會對自己有自信
・自己會變得更強、擁有突破困境的能力
・就算失敗也不會在意，反而能把失敗當成養分

挑戰難題的缺點

・費時費工又麻煩
・失敗的話可能會被人責難一陣子

uniqlo優衣庫的柳井正先生寫了一本《一勝九敗：優衣庫風靡全球的秘密》。即便是大名鼎鼎的柳井正先生，也要面對九成的失敗率。

人生只有一次，既然如此，當然要做只有自己能做的事情。因

此，最重要的心態就是「因爲很難才要自己來做」。

第 4 章

讓頭腦變清晰的「思考筆記」法

在空白筆記上寫下思考過的事情很有效

我有一次去參觀漫畫家浦澤直樹先生的展覽。會場展示浦澤先生的親筆原稿。原本只是一張白紙。透過在漫畫家腦海中的靈感和繪畫能力，慢慢填滿每一格漫畫，完成一部作品。

我還記得當時看到這些原稿的時候非常感動。

繪畫、漫畫最初都是空無一物的白紙。在上面畫出圖案或漫畫，就會變成作品。

在筆記上寫下思考過的事情也一樣。

剛開始也是什麼都沒有。只是一張空白的白紙。寫上自己思考過的事情，能夠連結到工作的成果、令別人歡喜、引出有趣的事情、為社會提供價值。

你覺得如何？是不是覺得很興奮？

沒錯，思考這件事，本身就很厲害！

而且，我推薦用筆記當作敦促思考的工具。

我從小就很喜歡寫筆記。上課的時候寫下來的筆記，我會自己整理一遍。寫筆記的時候，就像畫畫一樣讓我覺得很愉快。

寫好整理過後的筆記時，非常有成就感。

因此，我到現在都在記得，國中的時候和弟弟吵架，珍愛的筆記被撕破的時候我有多震驚（是地理科的筆記）。我小時候經常和弟弟吵架，但我印象中和弟弟的前三大吵架事件就有這一項。

厲害的人爲什麼都會寫筆記？

話題扯遠了。

「思考」時，筆記就是你的第二個大腦。有助於你的知識生產。因為寫筆記，能鍛鍊「思考能力」。

很多一流的人才都應用筆記，完成自己的夢想。

最知名的就是美國職棒大聯盟選手大谷翔平在高中時代寫的「曼陀羅圖」筆記。曼陀羅圖的作法是在筆記正中間寫下目標主題，再將達成目標的元素填入3×3的九宮格中。

足球明星本田圭佑和中村俊輔也是以持續寫筆記聞名的選手。也有很多經營者持續寫筆記，並因此達成目標。

為什麼要寫筆記？

寫筆記有幾個好處。我試著把筆記的魅力寫出來：

- 排解頭腦裡的混沌
- 發現那些混沌其實是很單純的東西
- 能夠整理思緒
- 能夠朝向目標擬定行動計畫
- 能夠催生新點子
- 能夠整理情緒

- 能重新審視自己
- 能召開「自我會議」
- 能夠執行「思考儲蓄」
- 明確釐清優先順序
- 釐清應該割捨的事物

你覺得如何？

除此之外應該還有很多魅力，不過只要整合後寫下筆記，就能夠做到**「能縱覽全局、從抽象變具體、整理思緒」**和**「累積寫下來的所有內容」**兩點。

只要使用筆記，「無聊的工作」也能變有趣

我很喜歡足球，經常去體育場館看足球賽，不過看比賽的時候經常覺得：「怎麼會往那裡傳球啊！另一邊很空沒人防守啊！」

不過，那是因為我從場館的高處往下俯瞰，才會知道這件事。即便是同一場比賽，投入其中的選手和我看到的景色完全不同。選手在球場上，所以和從場館高處俯瞰的位置相比，沒辦法清楚看見全貌。

據說厲害的選手「雖然人在球場上，但仍然可以從高處俯瞰全局」，能夠

俯瞰全局，原本看不見的東西也能一目了然。

我想這和「自己通常意外地不了解自己」是一樣的道理。人通常會以短淺的目光看待自己。因此，想要了解自己或思考人生的時候，請應用筆記。

假設你覺得：**「最近覺得好無聊，到底是爲什麼呢？」**這種時候應該會有很多發現才對。

首先請先回顧這幾個月自己的行事曆。

從中選出「自己覺得有趣的事情」。就算你覺得最近很無聊，但行事曆裡一定會有幾個你有興趣、覺得有趣的事情。

挑選出來之後，就把這些事情寫在筆記上。

然後找找看這些事情有沒有共通點。譬如說「挑戰新事物的時候覺得很有趣」、「和他人接觸的時光很開心」或者「悠哉充電的時候很開心」。這些共通點就是將你的人生導向快樂的時光。

找到共通點之後，就盡量在今後的行程中加入擁有共通點的內容。如此一來，無聊的日子就會漸漸變得有趣了。

人的情緒每天都在改變，三個月前的感受和現在不可能相同。

不過，如果沒有俯瞰全局，就很難發現變化。

道理就像一直沒有量體重，等回過神來已經胖了五公斤；一直沒有測視力，隔好幾年一測才發現視力大幅衰退。

每天渺小的變化，日積月累就會形成莫大的差異。因此，我認爲定期俯瞰全局是有其必要的。

實踐！思考筆記的書寫方式

「思考」的時候也一樣。當思考零碎的時候，大腦就會出現「思考的混沌」。這就是無法「俯瞰全局・可視化」的狀態。這種時候請務必使用筆記。

在此介紹我建議的作法。

---

1 選擇方格或空白的筆記本，一個主題寫一頁

2 把目標（目的）寫在筆記的正中央

---

3 在筆記的周邊寫上當下想到的問題
4 利用第3章介紹的「思考技術」，整理並「思考」問題
5 在寫下的詞彙中，用線條連結相關的東西，然後再繼續把發現到的事情寫下來
6 覺得特別重要的地方用螢光筆畫起來

接下來就一邊舉例，一邊詳細說明具體的寫法吧。

假設主題是「降低員工離職率」。

首先，在正中間寫出目標。目標是「降低員工離職率」，所以把它寫在正中間。

接著，透過書籍和網路獲取「離職率」相關的資訊，以此為基礎寫下目前

的問題。此時，不是漫無目的地寫，而是用條列式列出重點。

寫出問題之後，接著用「找出真面目」來分析離職率高的公司（第一六四頁）。

如此一來，就能看到幾個重點。大致分類之後，重點大概會落在這幾項：「覺得在這間公司沒有未來」、「有人際關係上的問題」、「工作內容很無聊」、「對薪資、待遇心懷不滿」。

緊接著針對每個重點運用第3章的「三百六十度分解法」、「標語法」、「如果有就好了」、「自我、他人、社會」等方法，具體寫出為了降低離職率應該要做哪些事。

透過這個步驟，就能明確知道為了「降低離職率」應該做什麼。接下來只要執行即可。

寫筆記時的重點，就是要把內容整理成一張紙。

整理在一張紙的範圍內，就能釐清該做的事，優先順序也會變得清晰。

如果沒辦法整理在一張紙以內，可能是其中含有太多元素。這種時候，請爽快地捨棄優先度較低的部分吧。

頭腦裡有很多事情糾結在一起，變得一片混沌的時候，只要**應用「思考技術」並寫筆記，就能導出結論或假說**。

這就是筆記的無敵魅力。

我把這種行為命名為**「自我會議」**。只要有筆記和筆，隨處都能召開的「自我會議」。

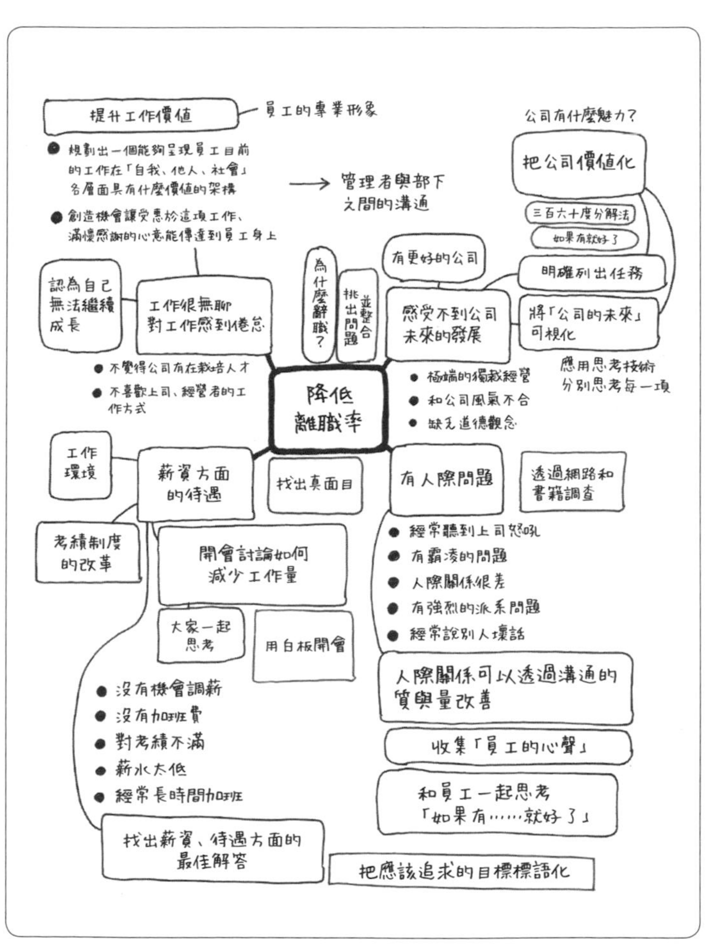

透過「自我會議」思考主題：降低員工離職率

筆記的另一個優點——「思考儲蓄」

大腦還有另一個重要的機能，就是「遺忘」。

如果人能記得所有事情，不是很恐怖嗎？

記得所有事情，大腦就會累積龐大的資訊，運作會變得很沒效率，所以大腦會積極地遺忘。

遺忘有好處，但也有壞處。

其中一個壞處就是「忘記好不容易想到的事情」。

好不容易想到的事情，時間過久了大多會忘記。當你遇到類似的情形時，又得從零開始思考。

這真的很沒效率。因此，我們要在筆記上儲存思考過的事情＝「思考儲蓄」。

在這個章節，我想介紹自己如何執行思考儲蓄。

我自己會用活頁筆記本。**活頁筆記的魅力就是可以拆下每一頁。**現在的工作需要以前寫過的東西，這種情形很常見，此時我就會把以前寫過的部分拆下來，裝在現在的筆記本上。

我是什麼都會寫在筆記上的人。思考新點子的時候會寫筆記，遇到在意的事物、當天的感受之類的日記我也會寫在筆記裡。就連行程管理也會用同一本筆記。

因為不想筆記變得太重，所以我會把攜帶用的活頁夾和收藏用的活頁夾分開。然後把自己寫下的東西當成「思考儲蓄」存起來。

「思考儲蓄」的增長並非一朝一夕。你只能儲存自己思考過的東西。因此，這些累積會變成你的一大助力。

就像廚師把長年累積的食譜筆記當成自己的資產、運動選手持續把自己的發現寫成筆記，請你也務必持續執行「思考儲蓄」。三年後、五年後、十年後一定會成為你的一大資產。

透過白板呈現大家腦中的想法

除了筆記之外，我還想推薦大家使用白板。

討論或會議的時候，這是能讓全體參加者的「思考技術」最大化的工具。**白板最大的魅力在於能夠把會議的過程「可視化」**。

開會或討論的時候不是經常發生這樣的情形嗎？

譬如業務部的會議。假設主題是：「最近銷售額逐漸下降，接下來該怎麼提升？」如果沒有用白板開會，就會變成這樣：

業務部課長「各位，最近銷售額減少，這是為什麼？請各位說說自己的意見。」

業務部成員A「競爭對手跑業務的氣勢驚人，客人都被搶走了！」

業務部成員B「想要提升銷售額，不只要抓住既有的顧客，還要不斷開發新客戶才行！」

業務部成員C「比起開拓新客戶，重視現有客戶，以免被競爭對手搶走更重要！」

業務部成員B「競爭對手靠新客戶提升銷售額，我們應該要效仿！」

業務部課長「說得也是，那我們就來開發新客戶吧。要怎麼拉新客戶呢？」

業務部成員A「先從電訪開始吧！」

業務部課長「也是。那我們就試著電訪吧！」

就這樣，開會的結果變成決定用電訪提升銷售額。

爲什麼這樣做有問題？因爲這只是單純的想到什麼就說什麼而已。

靠電訪找新客戶這件事本身沒有錯。到目前為止我一直提到，所謂的思考就是「橫向拓展」和「垂直加深」。會議應該要刻意把焦點放在「橫向拓展」和「垂直加深」，俯瞰各種點子，最後選擇要執行哪一項。

但是剛才的會議只是一時興起選擇剛好想到的方法而已。

另一方面，使用白板開會的話，則會變成這樣：

業務部課長　「各位，最近銷售額減少，這是為什麼？請各位說說自己的意見。今天的會議的課題訂為『提升銷售額』。

我想先思考銷售額減少的原因，我們把能想到的原因都先寫在白板上吧。」

像這樣，先拓展問題的成因。

透過寫白板，讓全體參與者都能看到提出的意見，這樣可以一邊俯瞰全局一邊討論。如此一來，就比較容易擬定能達成目的方案，而非偶然想到的點子。

接著，要在白板上寫下**爲達成目標需要的元素**。

業務部課長

「提升銷售額的必要元素有哪些？像是廣告預算、開拓人脈、強化商品、更新支援資料……大家先把必要的元素列出來吧。」

將整體狀況可視化，針對每項元素了解現況並思考解決方案。

再次說明白板的書寫方式：一開始要先寫「目的（目標）」，接著再寫為達成目的的「課題」。接下來只要不斷填寫「解決課題的策略」，像串珠一樣連結下去，橫向拓展的視野。

寫白板的人必須注意幾個重點。

書寫的時候要盡量簡短並且採用條列式，避免妨礙會議進行。開會就像運動一樣，節奏很重要。節奏正好的時候，千萬不要因為寫得太慢而讓大家停下來等。

不過，結束之後要用手機等工具拍下白板的內容以便儲存，所以寫的時候要注意，避免之後看不懂的描述方式。

透過這樣的方式進行會議，就會消除一般會議或討論經常發生的「缺漏」、「太過片面」等缺點，讓思考更有成效。

專欄4

不要被「狂熱地活下去！」這種話蠱惑

「爲了不要被AI搶走工作，做自己喜歡的事很重要！」

「狂熱地活下去吧！」

最近經常聽到這種話。

那樣的人的確會掀起一陣旋風，達成時代的創新。

但是，大家是否眞的都以那個方向爲目標呢？我的答案是NO。

我有一個小我兩歲的弟弟。他國中的時候接觸衝浪，直到現在都快五十歲了，仍然過著衝浪人生。

一路看著弟弟成長，我一直覺得：**「要別人突然狂熱起來根本就不可能。畢竟這種事都是回過神來才發現已經投入其中了。」**

沒有這個東西就活不下去，自然而然湧出這種情緒就叫狂熱。這種東西不是說有就有的。所以能夠陷入狂熱的人都很厲害。像我這樣的凡夫俗子是不可能的。我一直都這麼認爲。

不過，我對狂熱仍有憧憬。

所以我以前曾經嘗試過各種方法，看能不能讓自己爲某件事狂熱。

結果都失敗了。總是會在中途就開始保持平衡或者覺得膩了、開始想做別的事情……後來我才發現，所謂的狂熱無法刻意爲之，而是必須自然而然產生。

那像我這樣無法爲某件事陷入狂熱的凡人該怎麼活下去呢？在工作上難道就沒辦法與那些能夠陷入狂熱的人對抗嗎？

思考這些事情的時候，我發現凡人有凡人的強項。

凡人的強項是什麼？

那就是**世界上大多數的人都是凡人**。

如果是住在日本的日本人，更容易理解、想像日本人的心情，而非美國人的心情。

同樣的道理，因爲我是凡人，所以很了解凡人的心情。

自從有這樣的想法之後，我不再去追求自己沒有的東西，而是將人生戰略轉向磨練自己已經擁有的武器。

我自己找到的答案，就是這本書中描述的「思考技術」。

這是身爲凡人的我一直磨練的武器，也是任何人都能重現的指南。

你的夢想是什麼？你想做的事是什麼？

過去曾經被問過好幾次這樣的問題，我一直覺得很奇怪。

這個時候提到的夢想，等於「想做的事」。

我沒有特別想做的事情。編輯這個職業也不是我發自內心非常想做的工作。我只是因爲感覺很有趣、很好玩才選擇編輯這個工作。

雖然我沒有想要成爲某種人物的想法，但我知道自己想度過什麼樣的人生。我想「開心、愉快地度過一生」。

我很喜歡這句話：「把無趣的世界變得有趣。」這是高杉晉作的辭世名言。開心、快樂地過一生看起來都是心態問題，不過我是爲了讓自己的人生能夠開心愉快才選擇這個工作。也因爲這樣我才能過著充滿樂趣的生活。

不從「想做什麼」的角度思考，而是以「想度過什麼樣的人生」爲主軸，這樣也很不錯。

第 5 章

提升「思考技術」的習慣

光用頭腦思考的「邏輯性假說」總會出錯

截至目前為止，我製作了許多書籍。有獲得很多讀者的書，也有很遺憾沒能吸引讀者，無法傳遞到讀者手上的書籍。

不順利的原因有很多，其中之一就是**大腦中思考的假說，實際出版之後無法打動人心**。

忘記自己和他人的思考、感受、想法有所不同，光靠偏見就建立起一套假說，還以這套假說為基礎製作書籍。

先入為主的觀念經常是產生巨大誤解的成因。

譬如我們出版了很多英語學習相關的書，但在思考以「英語會話」為書籍主題的企畫時，編輯常犯的錯誤就是訂立這種假說：

「因為是英語會話書，大部分的應用場合應該是出國旅行或工作。那我們就針對這樣的讀者來擬定企畫吧！」

這樣的確沒有錯。調查學習英語的目的時，出國旅行和工作都在前幾名。然而——**當假說非常符合邏輯時，更應該要暫時停下來「思考」**。此時的「思考」也可以替換成「懷疑」。譬如說仔細收集學英語的人的意見後，出現這樣的聲音：

「學英語會讓人覺得自己有所成長，所以我很喜歡。」

「無論到幾歲都要不斷學習非常重要。學英語變成我的興趣，為了想用用看學到的英語，我還跑去美國旅行呢。」

「以前在學校的時候，英語成績很差，長大之後決定一雪前恥。」

這些都是資料和偏見錯過的心聲。製作一本書的時候，注意這些心聲非常重要。

只要了解這些心聲，在製作書籍的時候就能為讀者的「樂趣」和「成就感」多下功夫，或者加入「這種時候也能用到英語」等提案。

開會之後要保留「面對自我的時間」

光靠一個人思考還是有所限制，所以「思考」的時候傾聽別人的意見、互相討論非常重要。

這種時候我很重視一點。

那就是**在傾聽別人的意見、開完會之後，把自己獲得的材料攤開，創造議題和自己相處的時間**。

工作上經常會發生會議決定一切、沒有驗證過會議中的決定就一意孤行的狀況。這非常危險。就像邏輯性假說會出錯一樣，這種情況也可能會出錯。

即便開會時覺得沒錯，那也只侷限在當時提出的內容而已。會議有助於橫向拓展，但垂直加深時獨自面對主題也很重要。

只要學會這兩把刷子，你應該就能成為自由操控「思考技術」的「思考達人」了。

原創＝模仿×模仿×模仿

「模仿」經常被用在負面意義上，但我認為這是很有價值的行為。啊，請不要誤會，抄襲當然 NG。

有一說認為世界上根本沒有所謂的原創。

分解原創之後經常會發現：

原創＝模仿×模仿×模仿

※模仿的數量越多，原創性就越高。

素以神準聞名的知名占卜師在受訪的時候說過這樣的話。

他實際嘗試過世界上的各種占卜方法，無論是哪種方法都有能算準和算不準的部分。

因此，他組合各種占卜方式能算準的部分之後，占卜就變得非常神準了。

如此一來，這種占卜就是他的原創方式。

據說日語的「學習」一詞，語源就來自「模仿」。（好像還有其他的說法。）

也就是說，為了學習必須先模仿。

的確，像孩子就是靠模仿學會母語，譬如待在英語圈，就能馬上學會英語。

這也是因為他們自然而然地模仿大人。

了解模仿的重要性之後，應該就能馬上解決接下來這件事了。

我曾經和一名煩惱銷售額的餐飲店老闆聊過。他想要增加顧客，所以我告訴他：「你去受歡迎的店吃幾道人氣料理，然後試著模仿如何？」

「不是單純模仿，而是組合各種模仿的內容，這樣就會變成原創喔。」

結果他回答：「我很忙，沒有時間。」看店內的狀況，他並沒有忙到那個程度。不過，我想他應該是覺得模仿別人不好，不想模仿才會找藉口。

然而，那位餐飲店的老闆年輕時曾在知名餐廳當學徒，應該在那個時候模仿了師父的技巧才對啊……

這種情形其實很常見。

我以前想打造出暢銷書的時候，曾經做過一件事，就是去問曾經推出暢銷書的人。傾聽有經驗的人的想法，讓我得到很多自己不知道知識。

當然，有些人會因為不願意告訴我秘訣而拒絕，但我還是厚顏無恥地到處問。我模仿了幾招之後，獲得不錯的成果。

模仿別人的想法時，要「像演員一樣入戲」

模仿別人的想法也有方法。這就是**「入戲思考法」**。

這是模仿某個人大腦的思考方法。

每個人思考的時候都有慣性。為了盡量不要被這種慣性左右，模仿別人的大腦非常有效。

模仿方法有很多種。

- 試著模仿言詞
- 試著模仿習慣
- 試著模仿外表
- 試著模仿做事的方式

・試著模仿思考方式

就像「演員投入角色」一樣。

據說在偶像劇中演情侶的話，拍戲的時候真的會喜歡上對方，大家應該有聽過這種說法吧。偶像劇結束，情感就會消失。因為大腦在拍戲的時候已經完全入戲。

思考的時候試著扮演別人，一定會出現意想不到的想法。

如果自己就是優衣庫的柳井正先生，會怎麼思考呢？

我們當然沒辦法真的變成那個人，但是可以透過閱讀那個人的著作或訪談，稍微了解對方的思考方式，這樣就可以了。

好人的思考方式，無論過多久都只是二流

只要學會「思考技術」，對「懷疑」和「吐槽」都有幫助。這是一種很像刑警的思考方式。我把它命名為**「壞人觀點」**。

不過，只要走錯一步就會出現被指責「你這個人性格很惡劣」的風險，所以要很注意使用方法。

為什麼需要「壞人觀點」呢？

因為好人觀點基本上什麼都會說「好」。在家裡，太太做的菜不怎麼好吃

也要說「很美味」，這或許是維持家庭和諧的必要謊言，所以「好人觀點」很重要。

但是在「思考」的時候，**「好人觀點」就等於不思考**。

身為編輯從事製作書本的工作，一天之中會需要下好幾次決定。

譬如確認書本的原稿。用「好人觀點」閱讀原稿，大多數的原稿都「很棒」、「很有趣」。如果我只是普通讀者，為了閱讀的樂趣而讀這本書當然OK，但身為專家這樣就是失職。

我的工作不只是製作一本書，而是製作一本有價值的書。所以我想盡可能打造一本非常有趣、對閱讀的人有幫助的書。

因此，「壞人觀點」絕對是必要的。

「這本書的內容真的很有趣嗎？」

「難道不能寫得更有趣一點嗎？」

「這邊的文字能不能更淺顯易懂？」

「不能再寫得更讓讀者更有興致嗎？」

我會這樣東想西想，不斷「懷疑」、「吐槽」手上的文章。

不自覺經常使用的詞彙就更要「懷疑」、「吐槽」

對話中也經常出現需要「壞人觀點」的場面。

這是因為**語言有時候會說謊**。

不，正確來說，發言的人並沒有說謊的意思，但是詞彙本身可能不正確。

譬如說「差異化」這個詞。工作的時候經常會出現，但我認為「差異化」這個詞往往隱含著謊言。

所謂的差異化就是明確彰顯和其他的東西的區隔。如果是商品的話，就要釐清和競爭對手有什麼不同。此時的大前提就是「客人在買自家商品的時候，會比較類似的商品，找出最好的才購買」。

不過，真的是這樣嗎？

我們用書籍來思考看看。

企劃一本書的時候，需要「差異化」表示前提為「顧客買書的時候，會拿競爭對手的書和自家出版的書比較，然後才購買」。

這個時候就會出現問號了。

如果是這樣的話，我們出版的書明明很暢銷，但書店裡放在周邊的類似書籍賣不出去，這種事情不是經常發生嗎？

當然，我們都努力把自家書籍打造成最棒的商品。

另一方面，類似的書籍真的品質那麼差、性價比那麼低嗎？很多時候並非如此。

但是我們家的商品就是賣得比較好。

如此一來，就會產生這樣的疑問：

「顧客真的會仔細斟酌、比較，然後才購買嗎？」

因此，我實際到販售書籍的書店觀察。

觀察幾次之後，就會發現購書前的行動非常多樣。有人會比較類似的書籍，但大多不會看太久，而是隨手拿起來站在原地讀，然後不是買下來就是離開。

沒錯。很遺憾的是，讀者不會斟酌太久。

當然，這和讀者在網路書店買書的情形不同，實體書店也會因為書籍的種類不同，出現不同的購買行為。

如此想來，差異化並非必要，而是有些情形需要，有些不需要。大家是不是都沒有想得這麼深，就理所當然地使用「差異化」這個詞呢？

為了盡量減少以「剛好想到和錯誤的思考」為基礎的錯誤行動，需要「懷疑」、「吐槽」等「壞人觀點」。為了選擇最佳選項，思考時請刻意當個壞人。

運用別人的智慧

久違地來問各位一個問題。

A先生是一位四十幾歲的男性。上司要求他「擬定一個新商品的企畫」。內容是「開發女高中生會喜歡的新飲品」。

A先生過去的工作都以六十歲以上年齡層為對象。平常也沒什麼和女高中生接觸。他頓時手足無措。該怎麼辦才好呢？

答案

請了解女高中生動向的人幫忙。

運用對女高中生了解的人的智慧。

你可能會覺得：咦？答案就這麼簡單？

不過，這種理所當然的事情越容易漏掉。

你身邊有沒有這種人？

很努力工作，但一直找不到答案，只是不斷地浪費時間。還有那種只會讀考試題目，但要他解題他卻停下來的孩子。

這兩種情況的架構是一樣的。

自己的腦袋裡沒有足以解答的材料，卻試圖想擠出答案。

就像沒有咖哩粉或香料，卻拚命想做咖哩一樣。

如果突然要我做一份能在十幾歲女孩之間引起話題的企畫，我也沒有百分之百能做好的自信。因為我的大腦裡完全沒有相關資訊。

這種時候不要想得太複雜，利用別人的頭腦最快。去問對該領域很熟悉或有經驗的人，或者請這樣的人參與計畫。簡而言之，就是要運用別人的智慧。

要挑戰自己沒有相關知識和經驗的新事物時，從收集資料到輸出成品最有效率的方法就是「運用別人的智慧」。

運用別人智慧的代表性範例就是會議或討論。

會議或討論時，有可能是聽報告或者磋商某件事，但我認為最大的目的就是「運用別人的智慧，為自己的目的產出價值」。

第二〇一頁介紹的「白板運用法」，在利用他人智慧的時候就非常方便。請務必試著執行看看。

在行程中加入「思考的時間」

我會在自己的行事曆中加入「思考的時間」。就像討論或會議一樣，自己決定「思考的時間」，然後加入行程之中。

此時，不要只寫「思考的時間」，而是盡可能具體地描述，譬如「思考企畫的時間」、「思考宣傳方式的時間」、「思考人事考核的時間」。我每次大多會花三十分鐘至一個小時。

除此之外，每周還會有一天「思考日」，那一天會專心在思考上。如果很難花一整天的時間，可以按自己的步調以三十分鐘為一個單位加入行程之中。

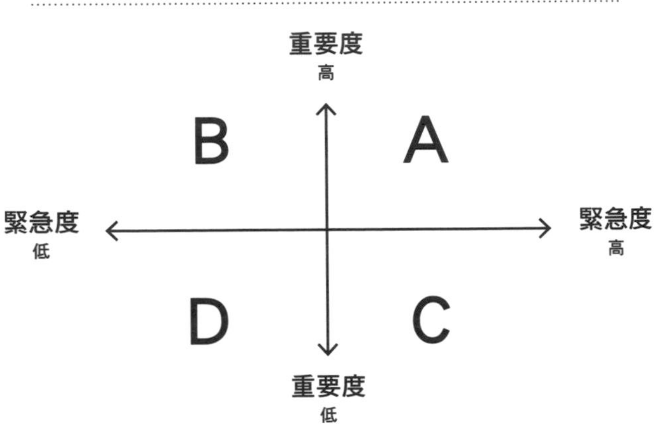

你有聽過**「重要度與緊急度的座標軸」**嗎？

上下縱軸是重要度，左右橫軸是緊急度，共可切分成四塊。

重要度、緊急度高的A元素為優先事項。

接著是C，有很多人會把時間用在這裡。C是屬於重要度低但緊急度高的區塊。

重要度高但緊急度低的B反而很難花時間好好做。如果用這樣的方式花掉時間，就算工作很忙，也很難做到自己想做的事。

行程會逐漸被緊急度高的事情和工作夥伴佔滿。如此一來，就沒有時間去做重要度高但緊急度低的B了。

避免這種情況發生的方法就是在行程中事先排入「思考的時間」。

因為太忙而沒有「思考的時間」，可能會變成單純在耗損心志、勉強完成工作的狀況。為了保有思考的時間，必須把行程空出來。

平時是否有「思考練習」的習慣？

據說優秀的運動選手練習量都非常驚人。

和運動的領域一樣，為了培養「思考技術」，多做「思考練習」是最好的辦法。

順帶一提，我很喜歡「思考練習」。我把思考的練習簡稱為「思練」。

譬如擅自為住家附近的藥局做一首主題曲；思考如何提升我最喜歡的澡堂的價值；吐槽電車上的吊掛廣告，然後擅自想一個更棒的標語；看著餐廳的菜單，思考新的菜名。每天我都會在各個場合「思練」。

當然，沒有人拜託我做這件事，是我自己擅自為之，所以覺得很好玩。擅自作詞作曲的藥局主題曲算是我的得意之作，我覺得比店裡播放的原創店歌更好。

「思練」的時候要注意，最後一定要有具體的解答。

譬如看電視廣告，覺得「這個廣告一點也不打動人心」的時候，就想具體思考，該怎麼修正才能打動人心。重點在於不能隨便結束。

然後再把這件事寫在筆記上儲存起來。這就是「思考儲蓄」。（一九八頁）

餐廳是很好的思考練習場地。店員的服務、菜單、餐廳的裝潢和外觀、料理口味等，有很多面向可以思考。

超市也是很棒的練習場地。這項商品的命名是否具有魅力、會不會讓人看到就想買或者是陳列方法很好之類的。

這些練習在各種場合都能派上用場。

因為**透過思考練習獲得的成果，和工作上的課題有很多共通點。**

無論是從事財務工作、業務工作還是研究工作的人，只要找一找就會發現和自己工作的關聯性。譬如現在這個社會受歡迎的東西是什麼，溝通的好壞差異在哪裡等。平常就做好練習，一定會連結到某個地方。

無論何時何地都能執行，所以只要稍微有空閒，請停止滑手機，好好「練習思考」吧。真的很有趣喔。

「思考的時間」多多益善！

我以前曾經採訪過製播好幾個熱門國民節目的知名製作人。

「為什麼您能連續製作這麼多熱門的節目呢？」

他馬上就回答：

「因為花了很多時間思考啊。」

他是被譽為天才的人，意外的回答令我大吃一驚。

接著在另一次採訪時，我問了創作好幾首暢銷金曲的知名音樂製作人相同的問題。

「為什麼您能持續創作這麼多暢銷金曲呢？」

他也馬上就回答：

「因為我潛到水裡，停止呼吸，然後一直忍耐啊。」

他的說法很抽象，但我的理解是他會一直思考到最後一刻，提供大眾最棒的歌曲。

厲害的人交出絕佳成果的共同秘訣就是「持續花時間思考」。

只要使用「思考技術」，就能提升「思考速度」和「產生假說的速度」。

不過，仍然需要時間才能產生卓越的思考。

在棒球領域，無論你學過多少揮棒的理論，都不可能因此擊出安打或全壘打。用身體和大腦記住理論，然後練習揮棒和打擊、練習比賽，才能漸漸變成揮棒精準的打者。

思考也一樣。必須以「思考技術」為基礎，再花時間轉移到實際行動。

成果 ＝ **思考技術** × **思考的時間** × **行動**

這就是思考方程式。

順帶一提，**持續思考下去，思考這件事就會變得越來越簡單**。所以，請不要覺得「一直思考很煩」。這樣你思考過的事情才會累積，成為你的助力。

說到累積，有一個很知名的故事。這是發生在畢卡索身上的事。

畢卡索走在路上，被一名女性鐵粉叫住。她問畢卡索：「能不能在這張紙上畫一張畫給我？」畢卡索答應，當場就畫給她了。

然後他接著說：

「這張畫價值一萬美金。」

女粉絲很驚訝地說：

「你畫這張畫不是只花了不到三十秒嗎？」

結果，畢卡索苦笑著回答：

「不對，是花了三十年又三十秒。」

畫畫的時間是三十秒。

但那是畢卡索用累積三十年的技術畫出來的。

我不知道這個故事的出處，無從判斷真偽，但是這是個好故事，所以在此介紹給各位。（也有人說不是一萬美金而是一百萬美金。）

累積的力量很強大。當然，不是只要花時間就好，累積有意義的時間會轉化成莫大的價值。今天思考什麼、明天思考什麼，「思考」會漸漸累積下去。

保留思考時間時，**最重要的就是享受和放鬆。讓大腦覺得有趣、放鬆，就能產生更好的想法。**

「Thinking Place」＝創造能思考的場所

有很多人討厭開會。為什麼會討厭開會呢？原因應該是這樣：

・只是單純的報告會，自己在現場也沒有意義
・整體氣氛很難發言，只有說話大聲的人才會發言
・會議的目的不明確，只是因為上司喜歡開會，所以大家才陪他

如果是這種會議的話，的確會令人不想參加。

不過，我很喜歡開會。

對我來說，開會就像運動一樣。有種「思考的運動」的感覺。我會把會議想成自己喜歡的足球比賽。參加的成員都是足球選手。互相踢出意見，朝球門奔跑。因為用盡全力開會，所以會後大腦會很疲倦。

有人說會議很難產生創新的想法或新點子，根本就沒有這回事。端看你怎麼開會而已。會議也能產生創新的想法或新點子。

我反而覺得在辦公桌上完全沒有任何靈感。公司的辦公桌很適合處理雜務，但對我來說並不適合從事思考、創意類的工作。

創造最適合自己的思考場所＝「Thinking Place」非常重要。順帶一提，我有七大喜歡的 Thinking Place。電車上、浴室裡、咖啡店、散步途中、跑步途中、書房、會議室。

Thinking Place這個命名是有原因的。

在沒有智慧型手機的年代，生活中有很多零碎的時間。以前很容易能把那些時間拿來當作「思考時間」，但智慧型手機問世後，很多人的零碎時間都被手機侵蝕了。搭電車、去咖啡廳的時候滑手機。就連在開會的時候，也會有人無法集中精神，一直在看手機。如此一來，就很難保留「思考的時間」了。因此，必須為場地命名，刻意保留思考的地點。

自古就有最適合思考文章的地點有三上（馬上、枕上、廁上）的說法。換成現代的話就是電車上、棉被裡、廁所內吧。因為這些都是能讓人集中精神的地方。也表示自古就有Thinking Place的概念了。

結語

思考並執行思考過的結論。

我第一次體驗到這種樂趣和欣喜，是在小學四年級的時候。我和朋友兩個人聊到：「想做點讓班上同學覺得有趣的事！」東想西想之後，我們用木頭做了一個手動柏青哥機器。我們在上面打釘子，然後用彈珠當小鋼珠。柏青哥機器的尺寸大概是七十到八十公分吧。我們想說用計分的方式比賽，大家應該會玩得很開心，所以在板子上開孔的地方寫上分數。

帶著做好的柏青哥機器去學校的那天，我非常緊張。如果老師生氣或者班上的同學根本沒興趣怎麼辦，心裡隱隱覺得不安。

不過那些不安真的是杞人憂天。同學玩得比我們想像得還要開心。下課休息時間大家都在柏青哥機器前面排隊。

而且，更讓我開心的是我們的導師在發給家長的報紙上，提到我們做的事。自己的想法化為具體，讓班上的同學玩得開心這件事最後還受到稱讚。

「那兩個孩子真厲害啊。」

這句話一直記在我心裡。

想出有趣的點子然後執行，就會讓別人這麼開心。直到現在，我工作時的初衷仍然如此。

人生只有一次。既然如此，就要活得有自我風格。

思考該怎麼活出自我風格的時候，最後的結論不就是「執行自己想出來的點子」嗎？我認為未來就是這樣建構出來的。

當然，執行自己思考過的點子也可能會不順利，或者發生意料之外的狀況。

這種時候，再重新思考就好了。遇到挫折、失敗都沒關係。只要繼續思考、行動即可。我認為這就是活出自我的方法。

感謝你讀到最後！能透過這本書和你相遇，我由衷感謝。

願你的人生幸福順遂。

柿內尚文

參考文獻

- 《為什麼這個商品可以賣到嚇嚇的？不靠口才、不用打折，扭轉「賣點」就能從滯銷變暢銷》川上徹也（商周出版）
- 《對不起，我都隨便經營HOBO》採訪人 川島蓉子、與談人 糸井重里（日經BP社）
- 《嘎哩嘎哩㓻冰棒的秘密 讓赤城乳業大躍進的「說話術」》遠藤功（日本經濟新聞出版社）
- 《花了九十秒的男人》作者 高田明、與談人 木之內敏九（日本經濟新聞出版社）
- 《停止校園裡的「理所當然」——學生和老師都跟著改變！公立名門國中校長的改革》工藤勇一（時事通信社）

‧《成為1%人才的方法》藤於和博（東洋經濟新報社）
‧《佐藤可士和的超整理術》佐藤可士和（木馬文化）
‧《一勝九敗：優衣庫風靡全球的秘密》柳井正（中信出版社）
‧《投資新手的三千日圓投資法》橫山光昭（ASCOM）
‧《一天一分鐘就能鍛鍊視力的二十八張照片》林田康隆（ASCOM）
‧《長壽味噌湯：醫學實證！一天一碗，輕鬆喝出不生病的免疫力！》小林弘幸（三采）
‧《松崗修造的八十三個人生金句》松岡修造（ASCOM）
‧《大雄到底憑什麼：學習「不強求」與「做自己」的三十七條邁向人生勝利之道！》橫山泰行（尖端）
‧《不努力王國的成功法》川下和彥、田村楊子（三采）

高寶書版集團
gobooks.com.tw

RI 347

在麵包店賣飯糰：
賣破千萬本書的王牌編輯教你創造超乎想像的好點子
パン屋ではおにぎりを売れ：想像以上の答えが見つかる思考法

作　　者　柿內尚文
譯　　者　涂紋凰
主　　編　吳珮旻
編　　輯　賴芯葳
封面設計　林政嘉
內頁排版　賴姵均
企　　劃　方慧娟

發 行 人　朱凱蕾
出　　版　英屬維京群島商高寶國際有限公司台灣分公司
　　　　　Global Group Holdings, Ltd.
地　　址　台北市內湖區洲子街 88 號 3 樓
網　　址　gobooks.com.tw
電　　話　(02) 27992788
電　　郵　readers@gobooks.com.tw（讀者服務部）
傳　　真　出版部 (02) 27990909　行銷部 (02) 27993088
郵政劃撥　19394552
戶　　名　英屬維京群島商高寶國際有限公司台灣分公司
發　　行　英屬維京群島商高寶國際有限公司台灣分公司
初版日期　2021 年 6 月

PANYA DEWA ONIGIRI WO URE SOUZOU IJYO NO KOTAE GA MITSUKARU SHIKOUHOU

Originally published in Japan by KANKI PUBLISHING INC.,
Chinese (in Complex characters only) translation rights arranged with
KANKI PUBLISHING INC., through Japan UNI Agency, Inc.

國家圖書館出版品預行編目（CIP）資料

在麵包店賣飯糰：賣破千萬本書的王牌編輯教你創造超乎想像的好點子 / 柿內尚文作；涂紋凰譯．-- 初版．-- 臺北市：英屬維京群島商高寶國際有限公司臺灣分公司，2021.06

面；　公分．--（致富館；RI 347）

譯自：パン屋ではおにぎりを売れ：想像以上の答えが見つかる思考法

ISBN 978-986-506-126-5（平裝）

1. 創造性思考　2. 創意

176.4　　110006208

GOBOOKS
& SITAK
GROUP©